蓮師
文集

Dakini Teachings
Padmasambhava's Oral Instructions to Lady Tsogyal

空行法教

蓮師親授
空行母伊喜・措嘉之教言合集

伊喜・措嘉佛母輯錄付藏
娘・讓・尼瑪・沃瑟、桑傑・林巴取藏
祖古・烏金仁波切口授
劉婉俐●譯

見由高降，修自低起；
此即見、修合一之精要。
——蓮花生大士

目錄

英文版譯序

《空行法教》是選自數種伏藏的教言合集，是蓮師於西元九世紀待在西藏時所傳下的實修口訣。這些教言，係由其主要弟子、卡千公主空行母伊喜措嘉所輯錄而成。根據第一世蔣貢・康楚所著的《百位伏藏師生平》（*The Lives of One Hundred Tertons*）❶中的記載，伊喜措嘉是位空行母，寶生佛佛母、佛眼佛母的化身之一，亦是金剛瑜伽母以凡夫女身的示現。她在蓮師住藏期間親侍蓮師，其後堅忍不拔地禪修，終於證得和蓮師相等的成就。她的悲心無與倫比，加持力源源不絕。

伊喜措嘉以一種秘密符語的「空行文字」將這些口訣寫下，成為伏藏加以封存，以留待數百年之後的伏藏師來取出。蓮師曾親自預言了這些取藏師的來歷、姓名和時間，伏藏師會在現實或禪觀中得到這些切合當時或數代後人所需的法教。此書中的每一品，幾乎都免不了提及這些教法乃是為了利益後代的行者，且「願來世得遇具器、有緣之人」！

《空行法教》一書以西元十二世紀伏藏師娘・讓・尼瑪・沃瑟（Nyang Ral Nyima

❶亦稱做《吠琉璃寶鬘》（*The Precious Garland of Lapis Lazuli*）。

Oser）所取出的伏藏為本，我所採用的是數十年前由一位中亞探險家自某座蒙古寺院攜回、收藏在丹麥皇家博物館中的手稿。當頂果欽哲法王在西元一九七六年造訪這座博物館時，他請求參觀所有原始的手稿，並決定複製一份當時在印度付之闕如的六函書籍。在這六函書中，有一些是娘・讓大師部分伏藏法的合集，稱為《尊妃問答錄》（*Jomo Shulen*），這函書後來由頂果法王在新德里的印經師謝拉・直美重新予以翻印。後來，當我將這本新書呈給珠古・烏金仁波切時，他很高興能讀到此書，並大力鼓勵我將它翻譯出來。他還指出有另一本娘・讓大師類似的伏藏合集，叫做《娘氏直指口訣》（*Nyang-gyi Martri*）。蔣貢・康楚深覺此文獻的重要性，於是將它收錄在六十函的《大寶伏藏》（*Rinchen Terdzo*）中。當我比較這兩份手稿時，發現它們同樣收錄了蓮師的無價教言，但有些內容相同，有些則大幅迥異，顯然是來自不同的出處；當蔣貢・康楚在輯錄《大寶伏藏》時，《尊妃問答錄》尚未面世。

娘・讓大師的年代距今已有八百年之久，在這數百年中，每回抄錄的手稿必有相當的疏失和貽誤，即便在這兩者之中的誤失，也不見得相同。因此，我必須倚賴第三種合集：即西元十四世紀大師桑傑・林巴（Sangye Lingpa）的伏藏法。這個合集有些部分幾乎和娘・讓・尼瑪・沃瑟的伏藏無分軒輊，之所以如出一轍的原因，是這兩位大師的前世，都曾同時在蓮師足下受法。娘・讓・尼瑪・沃瑟是赤松德真王的轉世，而桑傑・林巴則是赤松德真次子木若・策波的轉世。這三本合集的內容，足足可再做出另四本英譯書，但我只選取了似乎與當代最相契合的部分。

以下是摘錄自《百位伏藏師生平》中，娘・讓・尼瑪・沃瑟生平（1124-1192）的簡傳綱要：

娘・讓被認爲是蓮師預言五位取藏法王中的第一位，他是赤松德眞王的轉世之一，赤松德眞是最先迎請蓮師入藏的國王，也叫做蒼巴・拉以・美多（梵王仙花之意）。

娘・讓在陽木龍年❷出生於洛札地區，是寧瑪派上師娘冬・秋吉・闊洛（Nyangton Chokyi Khorlo）之子。

八歲時，他在淨觀中親見釋迦牟尼佛、觀世音菩薩和蓮師，他的禪境持續了整整一個月之久。

某個午後，他見到蓮師騎著一隻由四部空行所撐持的白馬，並從蓮師的寶瓶中喝下甘露而得到了四種灌頂。在受灌的過程中，他經歷到天空裂開、山河大地震動，因此開始有了各種奇特的舉動，被大家認爲瘋了。

後來他父親授給他馬頭明王的灌頂，在閉關一段時間後，他親見到本尊

❷是帕當巴・桑傑圓寂的同一年。

馬頭明王，所修法的普巴杵也發出了馬的嘶鳴聲，並且在堅硬的岩石上留下手印和足印。

根據空行母的授記，他到了瑪沃．秋貴．札擦，得到智慧空行母授予尼瑪．沃瑟（日光之意）之名。此後，他便以此名聞名於世。

蓮師在他面前現身，交給他一串將由他取出的伏藏名單。因此，他取出了許多函的伏藏法，其中最著名的是一整套有關八大飲血尊儀軌的《八誠善逝總集》（*Kagye Desheg Dupa*），以及稱爲《銅殿》（*Sanglingma*）的蓮師傳。

之後，他娶伊喜措嘉佛母化身之一的玖布爲妻，生了兩個兒子：卓恭．南開．沃和南開．巴，兩人都成爲傳承的持有者。

終其一生，他能在閉關禪修和傳法之間取得協調，其佛行事業廣佈邊陲，對佛法的延續有著莫大的影響。

在陽木鼠年時，他以六十九歲之齡圓寂，現出諸多瑞相。

我本人、蔣貢．康楚，得到了所有娘．讓伏藏法教的口傳，擁有九函《八誠善逝總集》的木刻版，並實修多次全部的儀軌。願以此方式，做爲我對這些法教的謙卑供養。

以下是一些有關尼瑪．沃瑟如何真正得到《空行法教》伏藏的描述，是從其稱為

《明鏡》（*The Clear Mirror*）的傳記中節錄而出的，收錄在《八誡善逝總集》的第二函中。

之後，當我待在巴瑪．供的晶梨洞閉關修上師儀軌時，有天傍晚，來了位白淨的女子，自稱是伊喜措嘉，她身穿配有短圍的藍裙和一襲白絲衣，說道：「瑜伽士，你想要什麼？」

我答道：「我什麼都不要，只要佛法！」

「那我就給你佛法，」她說著，邊把一個裝有空行母授記文獻和一百零八部問答集的小篋遞給我。

隨後，她又說道：「兒啊，跟我到一起到屍陀林墓地去吧！蓮花阿闍黎（Acharya Padma）和八大持明，以及許多具德瑜伽士，正在辦一場盛大的法宴，而我們這些空行母，也在舉行一場大薈供，走吧！」

我們到了那兒，見到廣大的寒林，陰森、恐怖地讓一般不具器的人難以靠近。正中央由各種寶石做成的大法座上，坐了一個有著亮棕膚色的瑜伽士，他說道：「那不是我的兒子，蒼巴．拉以．美多嗎？在輪迴中流轉，是否讓你筋疲力盡了？」他叫我坐在一堆人骨上，我就坐了。

在他的面前，有一個用各種飾物妝點而成的大壇城，周繞著交錯的光芒，壇城旁的八個方位，各坐著印度、西藏的八大持明，他們都面帶微笑。我眞是開心極了。

然後同一位女子問我：「兒啊，你想參加薈供或是開示？」我回答：「請爲我轉法輪。」即刻我就被帶到這個大壇城入門的初階上，之後參覲了壇城的八個方位，每位大師都各自傳我八大法教的廣軌灌頂，並將傳承託付於我。

位於中央的瑜伽士，自稱他是蓮花生大士，又名蓮師，傳給我一個文武諸尊總集的大灌頂，還給了我許多書籍，並教我唱誦的旋律。

所有持明者同時傳授了聞思的灌頂、禪修的灌頂、弘講的灌頂、以事業調伏眾生的灌頂、金剛法王總召一切的灌頂，以及大圓滿闡釋明覺的灌頂。

當接受了全部的灌頂後，我拿到了一個白海螺，說我可以回家了。一聽到這句話，頓時寒林和所有大師的整個場景，就彷彿是鏡中水氣蒸發般地消失無蹤。當我回復知覺時，發現自己已然回到了閉關小屋。

我用來校正《空行法教》拼音謬誤和遺漏部分的第二種伏藏法，是由桑傑・林巴（1340-1396）所取出的。他於陽鐵龍年出生在西藏東南的工波一地，和第四世噶瑪巴、若佩・多傑同年出生。桑傑・林巴被認為是赤松德真王第二子伊喜・若巴・雜的轉世之一。西元一三六四年他取出了整套《上師密意集》（*Lama Gongdue*），這是他最重要的伏藏。桑傑·林巴也被認定是五大取藏法王之一。在近代，這兩位大師的轉世是蔣揚·欽哲·旺波和迭千·秋就·林巴。

最後，《空行法教》的末篇是伏藏師多傑·林巴上師（Guru Dorje Lingpa）有關蓮師的最後教言。多傑·林巴（1346-1405）也是西藏伏藏的五位最主要取藏者，即所謂的五大伏藏王之一。

我想在此感謝曾經幫助這本書問世的每個人，特別是頂果法王和珠古·烏金仁波切兩位上師的指導和加持，瑪莎·賓德·舒密特（Marcia Binder Schmidt）對譯文的校戡和全程的控管，敏·庫斯達（Mim Coulstock）的編輯，以及芬久·雪巴（Phinjo Sherpa）在遣詞用語上的襄助。

這本書包含了一些蓮師口傳法教的精髓，是針對一般佛法與個人如何實際修持的教授。我很高興這些珍貴的教法能以英文出版，雖然這個譯文在學術上與行文曉暢上或許不盡完善，但相信蓮師的加持力與讀者開闊、真誠之心所產生的聯繫，必能彌補這些缺憾。閱讀或聆聽他人讀誦《空行法教》，能縮短親見蓮師的距離。如同我被這些法教所深深觸動，願它們也能感動許許多多的心靈，成為源源不絕的鼓舞泉源。

艾瑞克・貝瑪・昆桑誌於阿蘇拉洞

一九八九年

譯註：阿蘇拉洞是位於尼泊爾加德滿都山區帕平的蓮師聖地之一

中文版譯序

其實，是毋庸多言的。當你沐浴在陽光下，是毋須多做說明，就能感覺到那遍佈的溫暖的。

在經過一段漫長的精神歷遊，重新回到這個既熟悉又陌生的市街之中，是這些蓮師愷切、懇實與明晰的教言，幫我重新面對整個龐大的混亂與失序。就像沙林傑《麥田捕手》中所描述的，站在世界的邊緣麥田中，接住每個懵懂、衝向懸崖邊的青澀小孩，彷彿是蓮師的大手，把我傾斜的世界扶住了。所以，我想試著道出的，只有一些目睹廣大美景時的讚嘆與驚愕，或是一種見到晴空秋陽時舒坦與溫暖的感覺而已。

在《空行法教》中，蓮師透過與伊喜措嘉佛母對答的方式，把整個藏傳佛法的修道次第，做了一個完整、明確的說明：從皈依、發菩提心、密乘的誓戒、選擇與依止上師、本尊修法，到心性的禪修與中陰指示，清楚、平易、且精要地娓娓道來。尤其在後面的章節中，關於生起次第、圓滿次第的觀修，以及如何閉關等，皆有重要的闡述，精闢、翔實而且完整，是中文相關出版品中少見的第一手資料。這些文字，說來簡單，實則不易，但對於真正想要實修或是探求內在世界的人們，肯定會是一生最為忠實、助益的友伴。

本來，這一切都已經完整俱足了，又何須贅言呢？在廣大的穹蒼下，任何的指畫都難以描繪出那種無垠的深邃、廣袤與美麗。關於陽光的溫暖，也只能請您自行品味、細心感覺了，旁人的任何著墨，相信都無法傳述那種親自體悟的觸動。

其實，是毋庸多言的，我相信您能明白。

蓮師簡傳

第一世蔣貢・康楚撰

此蓮花生大士、又名寶上師或蓮師的簡傳，是從第一世蔣貢・康楚輯錄一百零八位重要伏藏師生平的《吠琉璃寶鬘》中所節選出來的，收錄在《大寶伏藏》的第一函中。

蓮師以金剛乘的教法，尤其是甚深伏藏的佛行事業影響了無數眾生，這位偉大的上師並非修行道上的凡夫，或僅是登地菩薩的聖者，而是阿彌陀佛與釋迦牟尼佛的共同化身，他的化現是為了調伏凡夫與難纏的鬼神。

即便是大菩薩也難以完全道盡蓮師的生平，我僅簡述如下：

在**金剛光明體性**的**法身淨土**中，蓮師自性上已證得本淨無始解脫根性的圓滿正覺，他被稱為本初怙主**不變光**。

在**圓滿雷鼓**的自顯**報身淨土**中，蓮師任運化現五方佛無盡海會的智慧壇城，俱足五確定。

在俱生幻化的外相顯現上，於五方佛淨土無數身相的幻化之中，有**大梵天王**的半自然**化身淨土**，蓮師示現為所有的十地菩薩。因為這些都是蓮師智慧的如雲化現——「無竭莊嚴輪」，因此他被稱為蓮花總持。

由這些智慧力所顯，蓮師在十方的無數世界中，幻化為調伏眾生的化身佛。尤其僅在此娑婆世界中，他於各地化現了八種化身來調伏眾生，透過經部、續部的法教明燈，照亮了五十個世界。

空行母伊喜措嘉曾在淨觀中，見到蓮師的某個化身出現在東方，叫做「廣大金剛海」。他身上的每個毛孔各有十億淨土，每個淨土中各有十億世界，每個世界中各有十億蓮師，每位蓮師各有十億個化身，每位化身各自調伏十億弟子。她在各方位和中央，也都見到了同樣的化現。

於此南瞻部洲的世界中，蓮師被認為僅有一位度眾的化身[1]，但因眾生的不同根器和秉賦而有不同的認知。根據《普巴金剛口傳》（*The Oral Transmission of Kilaya*）史和大部分的印度文獻顯示，蓮師是鄔金國國王或大臣之子；但在大多數的伏藏中，則陳述蓮師是神變化生的。在某些文獻中，說他在一擊閃電中降生於瑪拉雅山（Mount Malaya）的山頂。這類的神奇故事，千變萬化，這話題的確超出一般凡夫智識所能理

[1] 在輪迴六道中所示現的「度眾化身」，是和自然化身佛淨土，例如阿彌陀佛極樂世界中的化身截然不同。

解。

現在我得將解說限定在單一來源上，僅依伏藏法教所述的蓮師神變化生方式來講述其生平：

在菩提伽耶西方的鄔金國境內達納科夏（Danakosha）湖中，有座小島，島上出現了一朵由諸佛加持力所生的千瓣蓮花，從阿彌陀佛的心中，射出了一只標誌著**啥**字的金色金剛杵，就落在這朵蓮花的胚台上，金剛杵剎時變成了一個八歲孩童，手握金剛杵和蓮花，相好、隨行莊嚴。這孩子就在此處將甚深佛法傳予島上的勇父與空行。

這時，鄔金國的國王**因札菩提**因膝下無子，已傾囊向三寶獻供並廣施貧苦，最後為了尋得如意寶，他派出大臣**奎斯納達惹**（Krishnadhara）前往這座大湖。在回程中，大臣克里斯納達惹和因札菩提王相繼看到了這位神童。國王認為這是對他祈求子嗣的回應，於是將他攜回王宮，命名為**蓮花生**（Padmakara）。蓮花生被送上了寶座，由所有臣民獻上龐大的供養。

這位王子長大後，藉由運動和遊戲引領了無數眾生成熟。他迎娶**光持**（Prabhadhari）為妻，以佛法治理鄔金國。那時，他意識到若繼續治理王國，將無法完成利他的廣大福祉，便向因札菩提王請求離去，當然不獲應允。在一次的嬉遊中，他藉機讓三叉戟從手中滑落，掉落的三叉戟砸死了一位大臣之子。蓮師被判刑、流放到尸林。他待在寒林、悅林、莎薩林等處專修瑜伽行。這段期間，他接受了兩位空行母：降魔母及喜續母的灌頂與加持，當他能統召尸林的所有空行母時，被稱做**寂護上師**（Shantarakshita）。

之後蓮師返回鄔金國，回到湖上的小島，在那兒修習密咒乘和空行母的密語，藉此號令了島上的空行母。隨後他在礫林修行，在一次淨觀中見到金剛瑜伽母而得到加持。他誓令島上的龍族和星宿鬼神，由所有勇父和空行賦予超自然的神力，因此被稱為**金剛威猛力**（Dorje Drakpo Tsal）。

後來，蓮師到了菩提伽耶的金剛座，示現許多神跡，人們詢問他是何方神聖，當他回答說他是自生佛時，大家都不相信且有謗言。基於諸多原因，必須有所師承，於是蓮師前往薩訶國，從**釋迦光尊者**（Prabhahasti）剃度為僧，得授法名為**釋迦師子**（Shakya Senge）。他接受了十八次**瑜伽部密續**，親見到諸位本尊。之後他拜女性上師**昆噶瑪**（Kungamo）為師，昆噶瑪是智慧空行母**密智**（Guhya Jnana）以尼師身的化現。蓮師向她請求灌頂，於是她將他變成一個**吽**字吞下，再由密處釋出。在其體內，蓮師被授予外、內、密的灌頂，並清淨了三種障。

之後，他見到了八大持明，接受八大部的儀軌。他從**佛密大師**（Buddha Guhya）接受了**《大幻網》**（*Maha Jala*）的教授，從**師利星哈**接受了**〈大圓滿〉**法。以此方式，蓮師從印度許多博學、證悟的上師修學、受持了所有經部、續部、五明……等法教。他只學過一次即可精通所學，甚至毋須修持即能親見所有本尊。這時他被稱為**愛**

慧上師（Loden Choksey），並示現出圓滿**成熟持明**果位的行止。

之後，蓮師到了薩訶國，攝受了國王毘哈達拉之女、具德的空行母曼達拉娃（Mandarava）。他以曼達拉娃為修持的所依，在瑪拉替卡的山洞裡共修了三個月，於是阿彌陀佛親臨，授予兩人灌頂，並加持兩人與其無二無別。他們還得到了十億的長壽密續，成就了**長壽持明**果位。在證得超越生死的**金剛身**後，兩人回到了薩訶國傳法，於化緣時被國王和大臣們抓住而活活生焚。蓮師和明妃示現神變，將柴堆變成了一座冷湖，兩人就安坐在湖中的一朵蓮花上，眾人於是生起了信心。他們教化薩訶國人修持佛法，人人皆證得了**阿那含果**而不復落返輪迴中。

然後蓮師回到鄔金國教化臣民。在化緣時，被認出而用一大堆檀香木來加以火焚。蓮師和明妃再次毫髮無傷地端坐在湖中的一朵蓮花上，穿戴著一串顱骨飾鬘，代表將一切眾生自輪迴中解脫出來。因為示現此神變，蓮師被稱為**蓮花顱鬘力**（Padma Thotreng Tsal）。他待在鄔金國十三年，擔任國王的導師，將整個王國轉為修持佛法的國度。這段期間他賜予**《法海總集》**（*Kadue Chokyi Gyamtso*）的灌頂和法教，國王、王妃和具緣弟子皆證得了殊勝的持明果位。為此，蓮師被稱為**蓮花王**（Padma Raja）。

根據《幻識經》（*Sutra of Magical Perception*）中的授記，蓮師將自己變成比丘**善力**（Wangpo Dey），以便調伏**阿育王**。當阿育王有了不退轉信時，蓮師在一夜之間，於世上建了一百萬座安放佛舍利的佛塔。蓮師並降伏了幾位外道導師，也曾被一位國王下毒，但絲毫無損。當他被丟進河中時，讓整條河逆流而上，並在空中飛舞。為此，他被稱為**大力金翅鳥孺童**。

此外，蓮師還以取出**《喜金剛續》**（*Hevajra Tantra*）的上師**阿闍黎蓮花金剛**、婆羅門薩哈拉、多毘嘿嚕嘎、毘汝巴、卡拉恰雅等許多大成就者的身形示現。他在大尸林禪修，將密法傳給空行母，並降伏外、內的世間鬼神，號令他們護持佛法，這時他被稱為**日光上師**（Nyima Oser）。

當五百外道在菩提伽耶的辯經大會中，行將辯破佛法時，蓮師挑戰所有外道而大獲全勝。有些外道以惡咒猛詛，但蓮師以空行母降魔母所授的威猛咒將其擊潰。剩下的外道皆歸順佛法，法旗高舉入雲。這時他被稱為**威猛獅吼**（Senge Dradrok）。此時他已清淨三種障，住於**長壽持明**果位，即已圓滿了究竟的殊勝道。

在他前往位於印度、尼泊爾交界的揚列穴山洞時，遇見了某位尼泊爾王的公主釋迦天女（Shakya Devi），將她納為修持所依與明妃。當他在修行**清淨嘿嚕嘎**（Vishuddha Heruka）時，有三個大力鬼神製造魔障，使當地三年不降雨且疾病、飢荒橫行。蓮師派遣使者到印度詢問其上師，應用何法來對治這些魔障。兩名使者帶回了普巴的教法，當兩人回返尼泊爾的當刻，這些障礙就自動平息了。蓮師和明妃證得了殊勝的成就，住於**大手印持明**的果位。

蓮師認為修持清淨嘿嚕嘎能證得大成就，但此修法就像行旅的商人，會碰到諸多障礙；而普巴法則似不可或缺的護衛。為此，蓮師寫下了許多融合兩者的儀軌，同時也誓令了普巴金剛的十六位世間護法。

蓮師還造訪其他古國以弘傳佛法，如鄔金國近鄰的胡穆祖、希科賈惹、達瑪科夏、茹瑪、提惹胡提、卡瑪茹帕、坎恰……等諸多國家。他前往卓汀地方的時間並不可考，但他在當地所傳下的《喜金剛》、《密月明點》（*Guhyachandra Bindu*）、《清淨嘿嚕嘎》、《馬頭明王》、《普巴》和《本母》（*Mamo*）等法，至今依舊流傳著。

一般認為蓮師居住在印度三千六百年，傳法利眾。但學者們似乎持一半年限的看法，這僅是概數。

為了調伏蒙古和中國的眾生，蓮師化身為國王陳永協（Ngonshe Chen）和瑜伽士圖登（Tobden）。他也在象雄示現為神變降生之童子塔維．啥查（Tavi Hricha），傳授大圓滿口耳傳承的教法，引領許多具德的弟子證得虹光身。

依此，蓮師在各地示現、化身種種、說各種語言以引領眾生步入解脫之道的事業，實在是難以計量。

接下來我將描述蓮師如何入藏的經過。當文殊菩薩化身的赤松德真王二十歲時，他發下大願要廣佈佛法聖教。他從印度迎請了菩薩堪布❷，傳授十二因緣和十善行。

❷菩薩堪布較常見的名字是寂護大師，是替西藏第一批出家僧侶剃度的印度大師。

一年後，當大寺的地基打好時，西藏的群魔作亂，阻礙建寺的進行。依據堪布的預言，赤松德真王派了五名飛毛腿去迎請大師蓮花生入藏。蓮師早已預知此事，於是抵達西藏、尼泊爾邊境的芒玉，在前往衛藏的途中，他取道納日、蒼（譯註：今日的後藏地區）和多康（譯註：今日的安多與西康）等地，神變地遍訪各地，令十二地母、十三歌神、二十一精怪和許多大力鬼神誓為護法。

在紅岩的檉柳林，蓮師和藏王碰面，兩人一同前往哈波日山頂，號令一切的天神、群魔。蓮師啓建了桑耶寺，從鋪設地基、監督直到完工，並召令當初建寺時阻障的鬼、神幫忙。總共花費了五年時間，完成宏偉的桑耶寺——不變任運成就寺，是包含三座王妃殿，比照須彌山周繞四大洲、八小洲、日、月和鐵圍山規制所建成的寺廟群。在開光大典上，五瑞相紛呈。

赤松德真王繼而希望廣譯佛經，宏揚法教。他讓許多聰穎的藏童學習，成為譯師，又從印度延請其他精通三藏的大師，並由堪布剃度了七名首批的出家僧侶，逐漸建立起僧團。寂護大師、蓮師、諸班智達，與毗盧遮納、噶瓦・巴則、秋若・祿宜・嘉岑和其他譯師一同合作，將當時所有的佛經、密續典籍和大部分的論典都迻譯成藏文。

毗盧遮納和南開・寧波被派往印度學習，毗盧遮納跟隨師利星哈學習大圓滿法，而南開・寧波則自大師吽噶拉（Hungkara）接受了清淨嘿嚕嘎的法教。兩人皆證得成就，並將這些教法於西藏弘傳開來。

於是，赤松德真王向蓮師請求灌頂和教示，在桑耶寺上方閉關處的清浦，蓮師開啓了八大嘿嚕嘎儀軌的壇城，為九位心子傳法，藏王亦身列其中。每位弟子各被授予不共的傳承，每一位都依法修持而證得成就。

蓮師還為許多具緣弟子，以國王為首，諸位王子以及來自洛札、汀卓等地的二十五位弟子等，傳授了內密三部的其他無數甚深不共法教。

蓮師住藏五十五年又六個月，有四十八年是赤松德真王在位期間，七年又六個月是其後的王子繼位。蓮師在赤松德真王二十一歲時（西元八一〇年）抵藏，藏王於六十九歲辭世。蓮師又待在西藏數年，直到前往羅剎國為止。

蓮師親自造訪了納日的二十座雪山，衛藏、後藏的二十一處修持聖地、多康的二十五處聖地、三處秘密峽谷和其他許多地方，都經過蓮師的加持而成為修行聖地。因為知道後代的某位藏王會設法毀滅西藏的佛法，他留下了許多關於後世的預言。在付法給赤松德真王和親近的弟子後，蓮師也埋藏了無數的伏藏教法，以赤松德真王的八種個人伏藏為首，五大心意伏藏、二十五種甚深伏藏等。之所以要埋藏伏藏的原因，是為了預防密咒乘法教被摧毀、避免金剛乘的墮染或遭知識份子的修改、維續加持力，以及利益來世的弟子。蓮師為每個伏藏法授記了取出的時間、取藏者的名字，以及將會持守法教的具緣者。他在十三處名為「虎穴」的地方，以狂慧的怖畏忿怒尊身形示現，用誓約號令所有的世間鬼神侍奉佛法，並囑咐他們守護這些伏藏。這時他被稱為多傑．綽洛（Dorje Drollo）。

為了令後人起信，他在本塘留下身印，在南措．曲莫留下手印，在帕洛．札卡以及其他數不清的地方都留下足印。

赤松德真王過世後，蓮師幫木替．蒼波登基。他在昌都舉辦一場大法會，在此將甚深法教託付給二王子賈瑟．拉傑，授記在十三世之後，他將會成為取藏的伏藏師而利益眾生❸。

關於蓮師在西藏親自授予灌頂的弟子人數，實在難以確切計數，但最有名的莫過於二十五位首傳弟子、二十五位中傳弟子和後期的十七位與二十一位弟子。蓮師有八十位弟子在耶巴證得虹光身，在曲沃瑞有一百零八位禪修者，在揚宗有三十位密咒師，在雪札有五十五位證悟者；在女弟子中有二十五位空行母和七位瑜伽女。這些親近弟子中有許多人皆有血親系譜延續至今。

當蓮師準備離去、前往西南方的羅剎國之前，國王、大臣、所有弟子都試圖勸阻蓮師，但都無功而返。蓮師一一給予諸多的開示和法教後，在伴隨無數的天人獻供中，乘著一匹馬或一隻獅子，由古塘的山徑上離開。在拂塵洲的銅色山山頂，蓮師度

❸這些轉世的第十三位是偉大的伏藏師秋就．林巴。

脫了羅剎國的國王夜叉顱鬘，假以其形。之後，蓮師神變出**蓮花光**的宮殿，莊嚴富麗、不可思議，同時在周繞的八小洲上，各化現出一個個相同的化身，成為國王而傳授八大嘿嚕嘎的儀軌。

目前蓮師安住在**任運持明**的果位，示現**金剛持**之法嗣相，如如不動直至輪迴完盡，因大悲之故示現化身以利益眾生。縱使律部的法教消失後，蓮師仍會現身在密乘行者之中，也將會有具緣弟子證得虹光身。在未來，當彌勒佛降生之時，蓮師會化現為名叫卓瓦·昆度（Drowa Kundul）之人，將密法傳予所有具器者。

此即蓮師略傳，這僅是符合某些凡俗弟子❹認知的部分陳述而已。

❹蔣貢·康楚自己是毗盧遮納譯師的轉世之一，他曾多次親見蓮師，也是伏藏法的取藏師。

導讀開示

在我們所在的這個時劫，將有千佛出世；同樣地，也會有千位寶上師來成就其事業。在目前釋迦牟尼佛的時代，這位上師的化身就是蓮師、蓮花生大士。據說在蓮師傳中，他是從湖中的一朵蓮花中神變化生的，並無父母。因為是神通降生之人，所以具有神力能降伏人類、甚至鬼神或其他類的非人。他極為長壽，在印度住世約一千年後，又在西藏待了五十五年之久。即將離開西藏的前夕，蓮師由其二十五位主要弟子和國王隨行，於尼泊爾邊境，在四部空行母的簇擁下，乘駕著一匹名為瑪哈巴拉的馬，這匹駿馬騰空飛掠，留下眾弟子目睹蓮師的身影逐漸杳去，越來越小。

根據生平故事的記載，蓮師降落在菩提伽耶，在那兒待了一段時間。隨後前往其淨土，即所謂的桑多．帕瑞（Sangdok Palri）——銅色山淨土。實際上它是座大島，一個半洲，座落在菩提伽耶西南方的大海中。島上有好幾層，最底層住著羅剎鬼。依照釋迦牟尼佛的授記，這些食人鬼在人壽減至二十歲時的未來，將會入侵我們的世界。到處肆虐的羅剎，會毀滅所有人類。佛陀也授記蓮師將會到這個島上去降伏這些羅剎，蓮師符應了此授記。

銅色山島上的主山深入海底的龍族所居地，山峰高聳入天，直達色界的梵天所在，山頂有一個三層的神變佛國：頂層是蓮師的法身，即阿彌陀佛；中層是蓮師的報身，即觀世音菩薩；底層是化身蓮師自己，周繞著八種化身。蓮師是阿彌陀佛的**意化身**、觀世音菩薩的**語化身**，以及釋迦牟尼佛的**身化身**。在降生於此世界之前，他先在報身淨土示現為顱鬘力（Thotreng Tsal）的五方佛，然後是八大化身、十二化身以及最後無數的化身。

在離開西藏之前，蓮師留下許多授記和埋藏了諸多法教，以便後世的取藏。他加持親近的弟子，使其與他無二無別，能在未來的轉世中取出伏藏法教。被賦予和蓮師同樣的神力後，這些弟子能在空中飛翔，在堅實的物體中自由穿梭，也能無礙地闡述佛經、論釋和密續的意義。尤其蓮師授記了一百零八位取藏的大伏藏師。由於歷史的變動與動盪，每位伏藏師在預定時間出世以利生時，必然會遭逢困境。因為了知未來的問題，蓮師埋藏了不共的修法，以因應不同的時節因緣而被取出。取寶的伏藏師會有一個全新、適時、切合特定時空環境的法教。舉例來說，正如我們偏好新鮮的食物、吃了不會讓我們生病般，同樣地，伏藏法也具有非常特別的功德：其一是伏藏是近傳承、沒有任何三昧耶破毀的染污；同時，伏藏不曾被別人所竄改。伏藏法教直接來自蓮師，透過其弟子的未來轉世而取出，然後直接修習而流傳開來。

簡言之，蓮師所埋藏之伏藏法教的不共功德，在於提供了一個切合每個世代、時代和遇法個人的成就法門，每位伏藏師所取出的嶄新教法，是為了讓具緣的弟子修習。較古老的伏藏也許會因三昧耶的破毀而有過失，延遲了成就的徵兆。因此，為了儘速成就，新的伏藏法擁有較大的加持力。再者，包括西藏人在內的大多數人，多少都喜歡新鮮的事物。新的伏藏好像比較有趣！西藏人似乎對舊伏藏的信心較為少些，所以修持的成果多少會延宕。較多信心、相信新鮮事、無誤的伏藏會引發修持的較大熱忱，產生較快的成果。這些是導致新伏藏出現的原因。不然的話，只要各有一個三根本的上師、本尊、空行伏藏法就夠了。但因為人們是如此地喜新厭舊，一位新伏藏師取出一個新的伏藏法，能產生極大的喜悅和驚奇。這是蓮師的善巧方便，實在令人驚嘆！

伊喜措嘉是金剛瑜伽女的五位空行母化身之一，體性上也是蓮師自己的化身之一。她的出世，是為了襄助蓮師在雪域西藏弘傳金剛乘，尤其是伏藏的法教。

外相上，**空行母**一字的字義是指「空中所住者」，是一種毋須在地上行走的天人。有各類的空行母：智慧空行母、事業空行母和世間空行母。真正的智慧空行母是明覺的空性本質，識（perception）是男性的，而在識中的空性則是女性的特質。因此，法身佛母是所有空行母的根源。

實際上，所有男性本尊的根源是法身佛**普賢王如來**（Samatabhadra），而所有女性本尊的根源是**普賢王佛母**（Samatabhadri）。普賢王如來是諸識的根基，普賢王佛母則是諸識中的空性本質。此外，當普賢王佛母被稱為一切化身之基時，她是法身佛母、女性佛**般若佛母**（Prajnaparamita）。**金剛亥母**（Vajra Varahi）是般若佛母的報身，五方佛佛母的**法界自在母**（Dharvishvari）、**金剛佛母**（Mamaki）、**佛眼佛母**（Buddhalochana）、**白衣佛母**（Pandaravasini）、**三昧耶空行母**（Samayatara）亦是報身。般若佛母的化身是**聖度母**（Arya Tara）。此為智慧空行母的三身。

除了**智慧空行母**之外，還有為了利益眾生而擔負佛行事業的**事業空行母**；視察我們守護三昧耶情形的**三昧耶空行母**；還有居住在世間主要、次要聖地的空行母：有三十二個主要聖地，和二十四個次要聖谷。若加上八個主要的尸陀林，即是所謂的六十四聖地，有六十四勇父、空行居住著。和這些外在的六十四聖地相應，在較細微的層次上，在我們體內的六十四脈輪也住了相同數目的勇父、空行，是氣、脈、明點的精純體性。

伊喜措嘉佛母也是聖度母的化身之一，聖度母則是金剛亥母的化身，而金剛亥母的體性是般若佛母和普賢王佛母。相對應的男性三身佛，則是普賢王如來、金剛持和釋迦牟尼佛。若說只有男性才能成佛是十分愚蠢的，因為般若佛母和普賢王佛母都是女性佛。而金剛亥母的五種型態也都是正等正覺的佛。雖然聖度母是以十地菩薩的身形化現，但實際上她也是位全然證悟的佛。此外，在四十二位寂靜尊中的八大女菩薩，也都是佛。男性或女性的身相特徵，絕對不是究竟的層次。在中陰境時，寂靜尊中的八大菩薩或八大女菩薩，在體性上和忿怒尊中的八本母、八瑜伽女或所有女性尊，皆是相同的。男性佛會顯現為女性，女性佛則成為男性。空行母能以不同方式和各種形體示現，有些會顯得粗暴或令人反感，乃是為了遏阻概念化的思考和不淨觀。

最後，在修持佛法時最好憶起金剛乘中寧瑪派的不共功德，尤其是大圓滿教法「修自低起、見由高降」，蓮師的這句話實為關鍵。若我們的舉止依見而行，那麼會看起來瘋瘋癲癲的；但若是只遵循小乘的見，則永遠不會有解脫的可能。聲聞、緣覺的見，無法讓我們即生成佛，得經過三大阿僧祇劫。因此我們必須依止小乘的修，而保任內密的見。

祖古・烏金仁波切誌於阿蘇拉洞

一九八九年

I

首要之務：修由低起的法教

蓮師示現各種不同的身貌與形飾，用無修之修的方式，持守著從聲聞戒到持明者密乘戒的各種誓戒。他傳下九乘次第的漸道，示顯出見、修合一：見須自高遮滅，而修得由低漸增。因蓮師已證悟究竟遍知，他以菩提心珍愛一切眾生更勝於己。

即身是化身佛、覺者的蓮師，所說有關修道的一切教言，皆由伊喜措嘉佛母所記下。

．．．

偉大的上師說：無論你修習外、內乘的任何法教，都得先皈依三寶。持戒❶是修行的根本，不管你朝哪個方向行去，都必須皈依那方向的諸佛和菩薩。

必須永遠對三寶保持不動搖的信心，依此，你可以立即建立業緣，在來世能成為諸佛的弟子，因此向三寶獻供、祈請是必要的。

．．．

蓮師說：修習十善，並對何者當避免、何者當遵行的「黑白業」因果有信心，如

❶三乘各有其特定的戒律。

此則所行能無往不利。

因為真理之力無遠弗屆，要捨棄所有不善和惡行，並採取對治煩惱的有效法門，戮力行善。

不積善之人無法產生崇高的心態，積善者則能擁有崇高之心。一旦你本身有了崇高的心志，就能努力行善並戒止惡行。因此，透過身、語、意的各種方式來積極行善是必要的。

⋮

蓮師說：在修持任何佛法之前，生起菩提心——將心依止在殊勝的覺悟上，是極為重要的。已生菩提心之人，會有一種視眾生如母的平等心，為了利益一切眾生而遠離偏私和偏見。

所有眾生無一不曾為我們的父或母，因此為了回報所有眾生的恩德，要開始為其謀求福祉。

培養對一切眾生的慈心和悲心，不斷鍛鍊自身的菩提心。修習一切言行皆是為了利益眾生，修習珍愛他人勝過於己。

總之，根本要素是將生起菩提心的決心，置於所有外、內修持和生起、圓滿次第之前。

生起菩提心是所有佛法修行的根本。

・・・

蓮師說：如果你想證得遍知的佛果，那麼要修習了知一切我執和法執皆無自性。無論你所做的任何善行，都須了知一切萬法如幻似夢。根據我的口訣，讓自己修學萬法皆空，無執於六度或大悲心。因為禪修空性的力量，你會了悟六度或其緣生的大悲心，亦猶如幻影。雖然你禪修空性，但須知這將會是善行的助力和煩惱的對治。任何所行的善根，都須加添菩提心，並永不離失六度。之後不管任何作為，總要有增善減惡的意念。任何身體的行為，都必須是善的；任何所說的言語，都必須是善的；任何所想的念頭，都必須是善的。

總之，你除了戮力在身、語、意上的裨益、良善之外無它；要遮止任何微小的不善與惡行。

若你沒有保住正念與良知之鎧甲的護衛，煩惱的武器就會切斷獲得三善道（the

higher realms）和解脫的主動脈。因此在日常的四種行為中，用正念與良知的鎧甲來護衛自己是必要的。

• • •

蓮師說：首先，要對自己行為的因果有信心。

牢記你不久必將死去，人生苦短，所以毋須苦苦追求此生之事。

牢記來生無限，要努力為了來生謀福。

現在就準備好並確信，為了來世的利益，不要落入下墮的歧途。

不要因任何事而自滿，如果你覺得自己博學多聞、偉大或高貴而驕傲，將得不到任何的功德，因此拋掉自滿，訓練自己在佛法的修行上，沒有絲毫片刻的動搖。

採取對治法來克服惡行，即便自身生出一絲絲煩惱或不善行為，也要想著那是無法忍受的痛苦，大到如須彌山般。

任何參雜了懷疑的行為都將得不到成果，因此不要懷有絲毫的懷疑。

只要你尚未摒棄我執，那麼不管再怎麼微細的惡行，仍舊會導致後果，因此戒除惡行是必要的。

蓮師說：當受過大乘戒或小乘戒❷，即便付出性命的代價，也都不可捨棄它們。若有任何的損壞，最重要的是馬上懺悔並重新受戒。

有些人，當他們的戒律受損時，會無動於衷，也不承諾什麼，而繼續違犯下去。但就像掉進泥坑後，會把自己洗淨並灑上香水般，你要清除垢染與行為上的過錯、違犯，這樣才不會再累積破損的誓戒。

不可和毀墮戒律或三昧耶的人相處或做朋友，即便片刻也不行。假如你穿著白袍走進一處泥濘的沼澤，黝黑的東西肯定會染掉白色。同樣地，縱使自己的三昧耶是清淨的，也必然會被他人損壞的三昧耶所染污。如果自己的三昧耶不清淨，就像一丘之貉。所以要十分小心。

不要與惡人相處或結交破戒的損友是必要的。

不管怎樣，一個人必須謹慎而不要愧對自己。

・・・

❷指菩薩戒和皈依戒，皈依戒也包括別解脫戒。

蓮師說：不管你做什麼，都不要不如法而無法累積功德與智慧。

除了渴望成佛與利益眾生外，不要渴求任何事物。

不要執著任何事物，執著本身即是繫縛之根。

不要批評其他教法，也不要臧否任何人。所有的教法在究竟上都是不可分的，一如鹹味相同般。

不要批評任何較高或較低的乘，就修道而言，它們都是同樣的，就像每步台階一樣。

你無法瞭解別人，除非你已證得般若，所以不要批評別人。

一般而言，所有眾生的本性皆是任運圓滿的佛，眾生皆具佛性，所以不要檢驗別人的過錯或迷妄。

不要檢驗別人的可能限度，而是檢視自己能改變多少。

不要檢驗別人的缺點，而是檢視自身的缺點。

罪大惡極是懷抱宗教的偏見，和不瞭解他人而胡亂批評。所以捨棄偏見，彷彿它是毒藥般。

・・・

蓮師說：雖然從無始以來你已經投生過這麼多次，但卻未成就自己和他人的福祉，現在，就這個人身，你應該要完成自、他的利益。

雖然在過去你已經轉世過這麼多次，卻從未有機會好好學佛，只是在輪迴的地牢中更加沉淪而已。現在，當你在這短暫的一生裡遇到了佛法，就要努力地修習大乘的法教。

和那些增長善行的人為伍，捨離那些增長惡行的人。

不要像隻狗或像個餓鬼般，對事物窮追不捨；要用對治的方法來坦然安住。如果你讓自己因不停的追索而疲憊，將會煽動自心造惡，連帶地波及他人。因此會累積惡業。

如果你認為絲毫的不悅也是痛苦，那麼它就會更變本加厲，你將得不到任何快樂，除非你能讓自心鬆坦安住。

不要追究先前的痛苦，一切事物，不管孰好孰壞，都已經是過眼雲煙了。不要預料未來的痛苦。

不管現在你遭受何種痛苦，不要讓步，要一再一再地鼓起勇氣。

不管怎樣，如果你不想辦法對治自心，痛苦是永不會止息的。

將心安住在本然的境界中，不造作、不自溺，柔軟地轉心向善。

……

蓮師說：當你堅毅地修持佛法時，始終將任何身、語、意的善根都轉向利他是必要的。

首先，慢慢地在最細小的行為上如是修習，假以時日，檢查自己是否仍受到自私自利的染污。如果你仍保有絲毫的自私之心，就無法成功。確信要不受到任何私心的染污。

大乘和小乘的差別就在於菩提心的生起。差異的產生不在於見，而在於悲心。因此保任本然的見，而修習大悲心。

為了自、他的利益，永遠摒棄輪迴之苦。

一再修習對輪迴的出離之心。

修習他人之苦的負荷由自己來承擔。

首先修習視所有眾生如己。修習覺受他人之苦是你自身之苦，接著修習珍愛眾生更勝於己。

修習大悲心，不由自主地要為了他人福祉而行。

大乘一詞純粹是指珍愛他人更勝於己。大乘從未說是只追求自己的快樂而無視他人的痛苦，或認為自己是比較重要的。

・・・

蓮師說：如果你用慈、悲、菩提心來鍛鍊自心，就不會投生在下三道。而且，從此刻起就永不會退轉。這點即是我的口訣。

不管你到哪裡，心念菩提心，永不離開菩提心。

不管你做什麼，要修習是為了眾生而做；修習視他人更重於己。藉此修習你將獲得許多功德，例如具有不壞的三昧耶和誓戒。

除非你生起菩提心，否則無法成佛，即便擁有咒力、神力也不行。

所有共與不共的成就，皆來自自身菩提心的生起，這點即是我的口訣。

・・・

蓮師說：不管你禪修空性或任何事物，除非它能有效地對治煩惱和世俗，否則皆是錯誤的禪修。任何無法抵消煩惱和世俗的事物，只是墮入輪迴的肇因罷了。

任何你聞、思、闡述的法教，若能有效地對治煩惱，並且能幫助你整個人生起正法，那麼這方稱得上是大乘法教，且是無謬誤的。

不管你宣稱自己是如何地精通於研讀、釋義、修持，倘若你的動機只是貪圖世間八法，那你的行為就是所謂的黑心修法。

不管如何，最基本的是禪修情器世間❸皆是幻影，不要讓你的執著和攀緣越來越強。

「大瑜伽士」純粹是指離於一切的執著和攀緣。

・・・

蓮師說：一切眾生的幸福與快樂，皆來自佛陀的法教。因此要研讀經、論、密續，並聽聞上師的開示。

行為和所生的苦樂後果，就像種子般地滋長，因此要詳辨善行和惡行。

如果你不持守戒律，修持的根源就會腐蝕掉。善護你的誓戒和三昧耶，如同善護你的眼睛般。

不管怎樣，若你對修行沒有信心，那麼你的努力都白費了，任何所做的事都是白搭。不管做什麼都要遠離懷疑和不信。

❸情器世間指的是宇宙和所有的眾生。

蓮師說：有些人自稱是密乘行者，盡做些殘忍之事，這不是密咒師的行為。

大乘意指以無私悲心珍愛一切眾生。

宣稱自己是密乘行者卻不行善去惡，是不夠的；對所有密乘行者來說，整個人生起大悲心是必要的。

若沒有整個人生出悲心，你將會變成有邪見的外道，即便你宣稱自己是密咒行者也沒用。

• • •

蓮師說：密咒乘是大乘，**大乘**意指利他。

為了要利他，你必須證得三身的佛果。為了要證得三身，你必須要積聚兩種資糧。為了要積聚兩種資糧，你必須修習菩提心。你必須修持生起次第、圓滿次第合一之道。

不管怎樣，一位缺乏菩提心的密咒師，是完全不如法且非修持大乘。

• • •

蓮師說：密咒乘和經乘❹說起來雖是兩者，但究竟上是同一的。假如你缺乏見或修，將會誤入聲聞乘。因此要見由高降，而修由低起。將兩者合而為一的修持是必要的，這是我的口訣。

•••

•••

三昧耶

在此圓滿了修由低起的法教。

於兔年夏末之月初八，承諾撰於清浦的上閉關房。

伏藏印

秘密印

囑咐印

❹大乘法教或般若乘的另一代名詞。

II

皈依

鄔金國的上師蓮花生，以化身佛示現。卡千公主的伊喜措嘉向其請求：偉大的上師，請仁慈地傳授一切佛法修行的基礎、能夠了脫生死的法門、微小之因卻能有廣大利益，和容易修持且不困難的方法。

化身佛的上師回答：措嘉，皈依是一切佛法修行的基礎，三寶是所有佛法修行的支助，能了脫生死的法門是皈依和所屬的種種。

・・・

措嘉佛母問道：皈依的根本要義是什麼？何為皈依的定義？分開來講，有幾種皈依？

上師答道：皈依的根本要義是接受佛、法、僧是修道上的導師、道路和友伴，並誓願能證得佛、法、僧之果。因此，皈依代表誓願或接受。為何這樣的接受稱為皈依？是因為接受佛、法、僧為佐助、庇蔭、保護者或救度者，能免於痛苦和染污的巨大恐懼。這即是皈依的根本要義。

皈依的定義是尋求保護，以免除投生下三道的恐懼，和免於外道認定在暫時聚合體❶內有自我存在的邪見。

分開來講，有三種皈依：外皈依、內皈依和密皈依。

外皈依

措嘉佛母問道：談到外皈依，何者是想要皈依的因？向何種對象皈依？什麼樣的人能皈依？皈依時的方式或法門是什麼？皈依時要有何種不共心態？

蓮師答道：想要皈依的因，是對輪迴悲苦的恐懼、相信三寶是皈依處、以及接受三寶是皈依的對象與皈依的怙主。透過這三者，你生起想要皈依的動機。總而言之，一個人之所以想皈依是因為害怕死亡。

有許多人甚至不曾意識到自己的生命已經去了一大半，也不曾有片刻思考到來世。他們沒有皈依。

假如你不會死去，或確定可以轉世為人，那麼你就不需要皈依。但是，在死後和中陰時，下三道有著排山倒海的痛楚。

向何種對象皈依？你必須皈依三寶。誰能終結生與死？除了已離於所有過患和圓滿所有功德、遍知的佛之外，無人能及。因此，只有佛所傳下的佛法，以及傳承法教

❶「暫時聚合體」表示五蘊的相續。

的僧團，才能終結自己和他人的生死輪迴。因為他們是皈依的唯一對象，所以你必須皈依三寶。

一般而言，很多人認為真正、圓滿覺者的法教，無異於算命師之言，這些人在碰到壓力時，就會去求助鬼神。要這樣的人來皈依是很困難的。

什麼樣的人能皈依？有興趣、有虔誠心和信心、念及三寶功德的人能皈依。一個具備這三種不共心態的人能皈依。

輪迴無始亦無終，吾應此刻即出離；
外道鬼神及諸等，皆非吾之皈依者；
唯有正等正覺佛，是吾眞實皈依處。

這才是真正不共的皈依。

當皈依時，只有口惠是沒有用的。就像空口說白話一樣，不知會伊於胡底。用何種方式來皈依？你必須用虔敬的身、語、意來皈依。你必須用三種心念來皈依：懼怕下三道和輪迴、信任三寶的加持，以及堅定的信心與悲心。

相信此生圓滿且來生也會依然如此的人，只會在死前與佛法修行仍緣慳一面。這是不夠的。

在這個脈絡裡，你必須知道皈依的儀式。用何種不共心態來受皈依？皈依時，你必須有一種為了利他的責任感。你必須用這種態度來皈依，因為單憑出離輪迴和希求涅槃，是不能證得真正、圓滿的佛果的。

為利眾生離於輪迴苦，
我偕三界一切有情眾，
直至證得菩提我皈依。

總之，所有願望都是有分別心的願望。尚未去除有分別心執念的皈依是不夠的。

⋮

措嘉佛母繼而問道：外皈依需要多少種的修學？

上師答道：一旦你皈依後，就必須善巧地修持八種修學，以避免誓戒的毀墮。

⋮

她問道：何謂這八種修學？

他答道：首先，有三種不共的修學：既皈依佛，就不能向其他神祇頂禮；既皈依法，就應捨棄傷害眾生；既皈依僧，就不能與外道為伍。這是三種不共的修持。

說得更詳細些：首先，既皈依佛，「不向其他神祇頂禮」表示若你向一般世俗的神，例如大梵天（Mahadeva）、毘濕奴（Vishnu）、濕婆神（Maheshvara）或其他神祇頂禮，就會損壞你的皈依戒。如果你向這些神尋求皈依，那你的皈依戒就毀壞了。

其次，既皈依法，「捨棄傷害眾生」表示如果殺生，你的皈依戒肯定是毀了。即使你只是因為生氣而打其他眾生、奴役牠們、在牠們的鼻子上穿洞、把牠們關進獸欄、拔光牠們的毛、取牠們的羊毛……等等，也都算是毀損皈依戒。

第三，既皈依僧，「不能與外道為伍」表示如果你和抱持、依止常見或斷見的人在一起，你的皈依戒就毀損了。如果你的見、行和他們沆瀣一氣，你的皈依戒就毀了。

不管怎樣，所有佛法的修行都囊括在皈依裡，邪見之人是無法瞭解這個的。

以下是五種共的修學。

一、當你在修行之前，用各種大量、最好的飲食來做盛大的供養。在十四日於三寶之前擺置供品，懇請祂們蒞臨享用。接著，在十五日獻供。有四種供養：大禮拜供、實物供、讚頌供、修持供。

首先，大禮拜供：站直，合掌。念及諸佛菩薩的功德，當你在做大禮拜時，觀想你碰觸祂們有法輪輻飾的雙足。

接著是實物供：獻上供品，例如完全不屬於任何人的鮮花、或觀想的東西、或是自己的身體。

配合曲調讚頌。

修持供則是祈願生起空、悲不二的菩提心所產生的善根，皆是為了一切眾生而證悟成佛。

蓮師說：三寶根本沒有半點需要一碗水或任何禮敬。獻供的目的是為了使你接受諸佛的慈光加被。

談到最好的飲食供養，堆三撮最好的食物，唸誦**嗡啊吽**三遍。觀想你的供養剎時變為甘露海。隨後，迎請你的本尊周繞無數的三寶聖眾，並觀想你獻上這些甘露，祈請祂們享用。如果你沒辦法這麼做，只要單純地獻上某種供品，並說道：「三寶，請納受！」

如果你真的空無一物可供，至少要每天供上一碗水。如果不這麼做，你的皈依戒就會毀墮。

三寶並不需要這些物質滋養的供品，像一般眾生一樣。這些食子是為了讓你不知不覺地累積資糧。

二、第二種修持是絕不捨棄殊勝的三寶，即便為了你的肉體、生命或是寶物的緣故。

談到不捨棄皈依，即便為了肉體的緣故：縱使有人威脅要挖掉你的眼睛，剁掉你的雙腿、雙耳、鼻子或雙臂，你寧可讓他這麼做也不能捨棄三寶。

談到不捨棄皈依，即便犧牲生命：縱使有人威脅要殺掉你，寧可讓他這麼做也不能捨棄三寶。

談到不捨棄皈依，即便為了寶物之故：縱使將整個世界裝滿寶石給你，做為捨棄皈依的回報，你也不應捨棄皈依。

三、第三種修學是不管發生什麼事，不管是生病、困頓、安逸、快樂或悲傷，你都必須備好一個曼達盤和五種供品，向三寶獻供。之後行皈依並如是祈請：

尊貴上師，金剛總持尊，一切諸佛暨菩薩，懇請垂聽吾祈請！願息諸病、鬼魔障，祈賜安詳及諸善。

除此之外，同樣適合累積福德的方式，是大聲誦讀佛經、吟誦與供食子，因為這些同樣屬於皈依的基礎修學。如果沒有任何幫助，也不要產生邪見，認為三寶沒有加持！佛法不是真的！應該要這樣想：當我的惡業報盡時就會覺得好多了！不要尋求其他管道，像是算命或找巫師作法，唯有皈依。

四、不管旅行到任何地方，都要憶念諸佛和菩薩、獻供與皈依。譬如，明天你要到東邊去，今天就備好一個曼達盤並獻供，向東方的諸佛菩薩行皈依。

你要怎樣祈請呢？在離開之前，你要如下祈請：

上師、金剛持、諸佛暨菩薩，懇請垂聽吾祈請！祈免人與非人諸障難，自此安抵去處皆吉祥。

如果出發的前一天你沒這麼做，動身之際也要這樣做。離去之時，如果不記得在跨出門檻的七步或十步之內行皈依，那麼你的皈依戒就毀損了。

一旦你將心託付於皈依處，就不可能被欺騙。

五、思惟皈依的功德，一再一再地如是修學。皈依三寶之後，就認定祂們是你希望之所在，仰賴祂們是你的信託之所。一直把三寶當成是你唯一的庇護來源，向祂們祈請；向三寶祈求加持。

想著你眼前的三寶所依物，不管是塑像、雕像、畫像、佛塔、經書……等等都好，都是法身。可能當你在大禮拜、獻供或祈請時，會突然了悟法身的精髓。即使不這麼發生，單是向三寶大禮拜、獻供所建立的業緣，也能使此人在未來成為佛的弟子。

蓮師說：不管你有任何禪境，像是生起證悟者的功德或喜樂，要認為這是上師與三寶的加持；這樣想，你會得到加持。不管遇到任何困難與悲苦，要想這是自己的惡業使然；這樣會讓所有的惡業竭盡。總之，如果你不將心託付於三寶，反而抱持著邪見，三寶就不會有任何加持，你可能無法逃離下三道。

・・・

措嘉佛母問上師：皈依會產生什麼樣的功德？

上師答道：皈依有八種功德。

一、你會成為佛教徒。當皈依了三寶，你就是佛教徒了。沒有皈依，就不能算是佛教徒，縱使你聲稱自己是個聖人、是位大禪修者或是肉身佛也不成。

二、你成為能受持所有戒律、例如別解脫戒的具根法器。同樣地，如果你破了皈依戒，據說奠基在此的所有戒律也會隨之毀損。

為了還淨誓戒，還淨皈依戒就夠了。也就是說，你向三寶獻供並受戒就足夠了。在受任何戒之前，一定要皈依；從受一日戒，到受持密乘戒等等。因此可知，皈依讓你成為能受持任何誓戒的具根法器。

三、三寶的皈依戒會削弱和終結所有過去生所累積的業障。也就是說，你的障染會因為不共的皈依而完全竭盡，而透過共的皈依則可以削弱業障。

再者，當你生出真誠的皈依心時，業障就會完全淨除，而僅是口誦皈依則可以削弱業障。

甚至，如果你無論行、住、坐、臥的任何時刻都皈依的話，業障會徹底地窮盡；偶爾皈依則會削弱業障。

四、你會廣聚福德。世俗的福德、長壽、健康、顯赫、高貴、富有等等，都源自皈依；勝義的證悟也同樣來自皈依。

五、你會免於受到人或非人的侵擾，而且免於這一生的障礙。據說只要真誠地生起皈依，此生就不會被人類的障難所傷害，也不會受到龍族或惡鬼的危害。

六、你會成就任何希求的事物。當生起真誠的皈依時，是不可能不完成你所想望的事物的。總之，據說當你對皈依處有信心時，就會得到任何想要的，就像對如意寶許願一樣。

七、你將不會墮入下三道、邊地或邪道。「下三道」指的是地獄、餓鬼、畜生。「邊地」是指投生在沒有佛法的地方，像是原始的邊境部落。「邪道」指的是外道的思想。因此，為了避免墮入這些處境，一個人只要皈依即可。

八、最後的利益是能快速真正、圓滿成佛。到那時又遑論其他利益呢！

據說在密咒乘的大乘法教中提及，一個人能即生與即身成佛。這表示毫無疑問地你能快速成佛，因此必須破除認定只要偶爾皈依一下就夠了的錯誤認知。你應該日夜都一再地皈依。然後你必定能快速證得真正、完滿的佛果。

・・・

蓮師說：「如果你努力地皈依，就不需要修持太多別的法教。無庸置疑地，你將會證得佛果。」

措嘉佛母再次問道：「皈依的實修為何？」

上師答道：「皈依的實修如下，首先，如是發願：

爲利眾生皆成佛，吾將集資、淨障與除障，自此皈依直至成正覺。

接著，不散亂地唸誦三遍：

於諸人中聖者、十方諸佛前，我與一切眾生皆皈依，自此直至證得妙菩提。

於諸妙寂、離貪十方諸法前，我與一切眾生皆皈依，自此直至證得妙菩提。

於諸聖眾、不退十方聖眾前，我與一切眾生皆皈依，自此直至證得妙菩提。

接著，不散亂地重複許多次：

皈依佛

皈依法

皈依僧

隨後如是發願三次：

三寶加被吾免此生懼。祈請加被吾免劣道懼。祈請加被吾免入邪道。

結束之前唸誦：

藉此功德之根本，利益眾生願成佛！

你應該如是迴向。

…

措嘉佛母問化身佛的蓮師道：「何謂受皈依戒的方法？」

上師答道：「這個人要先大禮拜、繞行具皈依戒的上師，獻上鮮花、如是唸誦：

上師，請垂聽。十方諸佛菩薩，請垂聽。自此直至證得妙佛果，我，某某某❷，皈依所有聖者及十億圓滿正覺法身佛。

我皈依所有殊勝寂靜、離貪大乘法。

我皈依所有聖僧伽、不退轉諸菩薩。

在重複第三遍時，你就獲得了皈依戒。再大禮拜和灑花，然後修持如上所述的修學，精進地皈依。

這即是外皈依的講解和實修。

・・・

措嘉佛母問上師：一個人怎樣受到皈依的庇祐？

上師答道：任何人如法地修持這些修學，如上所述地皈依，必定能受到三寶的庇祐。因此，假如你害怕誤入歧途，祈請能遇到正道，你必然能遇到，也必定能被庇祐而免於此生的懼怕。

當所有皈依的功德從身上生起時，你不應就此滿意地停住，要不斷地增長這些所

❷這時唸自己平常的名字。

生的功德，運用心中所生的一切功德來累積資糧和淨除罪障。當能如此精進時，才能達到圓滿的能力。

那些不想在身上生起甚深功德，如見到空性或本尊壇城的人，僅是皈依仍能清除罪障和累積資糧。

或許你會質疑，假如一個人皈依後能如此被庇祐，是否代表諸佛會出現、引領所有眾生？答案是諸佛不能伸手讓所有人脫離輪迴。假如諸佛能這樣做，基於諸佛的大悲和善巧，早就讓所有眾生無餘地全解脫了。

好，你會問，到底是怎樣被庇祐的？答案是一個人之所以被庇祐，是因為（修持）佛法。

當身上生起皈依之心時，你並不需要修持其他的法教。你不可能不被三寶的悲心所庇祐，如同你有個頂尖的隨扈時，肯定不會害怕一樣。

．．．

此即蓮師向措嘉佛母闡釋外皈依的方法。

內皈依

化身佛蓮師被卡千公主的措嘉佛母問道：何者是內皈依的對象？由何種人來皈依？用何種方式或方法來皈依？以何種不共心態及時間持續多久？需要何種不共機緣？目的與功德為何？

上師答道：關於內皈依的對象，你必須皈依上師、本尊、空行。受皈依者必須是那些已進入密咒乘的人。方式或方法是以虔誠心和恭敬的身、語、意來皈依。關於皈依的不共心態，你必須視上師為佛、即使犧牲生命也不能捨棄本尊，以及不斷地向空行母獻供。關於皈依的持續時間，必須是從灌頂儀式中發菩提心的時刻起，直到證得金剛持果位為止。關於機緣，你必須對密咒乘有虔誠心。至於皈依的目的或功德，它能讓你成為密咒乘的具根法器，且能得到不共的加持。

•••

措嘉佛母問上師：談到內皈依，需要修持哪些修學？

上師答道：有八種修學，首先有三種不共的修學。

一、皈依上師，就不能對他產生惡念，甚至起了揶揄他的念頭。

二、皈依本尊，就不能中斷對本尊的觀想與持咒。

三、皈依空行，就不能忘了在固定日子的獻供。

有五種共的修學：

一、任何你所飲、食的第一部分皆加持為甘露。觀想上師在你的頂上而供養甘露；觀想本尊在你的心間、空行在你的臍間而供養甘露。你應如是修學飲用食物的方法。

二、不管你往哪個方向行去，向上師、本尊和空行祈請。觀想上師在你的頂輪上，觀想自身是本尊，並觀想空行與護法是你的眷從。這是行走的修學。

三、即便付出生命或四肢的代價，也應認定上師親如心臟、本尊親如眼睛，而空行親如身體般地修學。

四、不管怎樣，像是生病、困頓、安逸、喜悅或憂傷，你都應如是修學：向上師祈請、向本尊獻供、為空行修薈供和供食子。除此之外，你不應尋求其他管道，例如算命和請巫師作法等。

五、憶念上師、本尊、空行的功德，你應一再地皈依。皈依上師，會清除障礙。皈依本尊，會證得身的大手印。❸皈依空行，會獲得成就。

・・・

措嘉佛母問蓮師：內皈依具有什麼樣的功德？

蓮師答道：皈依上師，你能免於概念之心的羈絆，無明與愚痴的障礙得以淨除，觀與本覺的資糧得以圓滿，會得到任運的成就。

皈依本尊，你能免於凡夫的認知，能聚集俱生智的資糧，能證得大手印的成就。

皈依空行，你能免於障礙和邪魔的侵擾，餓鬼道匱乏的障礙得以淨除，出離和無執的資糧得以圓滿，能證得大樂的報身佛成就。

---

❸「身的大手印」表示個人本尊如彩虹般的色身。見《金剛乘的修心》品中有關四種持明果位的部分。

⋯

措嘉佛母問蓮師：內皈依的實修為何？

上師答道：你要先發願證得無上正覺，然後觀想上師、本尊與空行坐在面前虛空中的日、月、蓮座上，唸誦三遍：

傳承根本上師尊
成就本源即本尊
賜予加持空行母
虔敬頂禮三根本

接著，心不散亂地專注在上師、本尊與空行上，重複唸誦：

皈依上師、本尊、空行

之後如下祈請：

一切上師、本尊與空行
祈賜汝之身、語、意加持
懇請祈賜予吾各灌頂
祈賜共與不共諸成就
祈請慈悲加被汝虔子

之後，上師融入己之頂門，本尊融入心輪，空行則融入臍輪。

・・・

措嘉佛母問上師：何者是內皈依的方法？

上師答道：首先，受皈依的儀軌如下，重要的是先接受灌頂，受灌頂即是受皈依。如果你未接受灌頂而受皈依，就要先大禮拜、繞行上師，獻花後如是唸誦：

上師，懇請垂聽吾祈請。本尊、壇城諸尊、空行暨聖眾，懇請垂聽吾祈請。

自此直證殊勝大手印持明果位，我，某某某，
皈依傳承之根本，一切勝妙諸上師。
皈依成就之本源，一切本尊諸聖眾。
皈依加持之所賜，一切空行母聖眾。

重複三遍後即得到了皈依戒。

這是受皈依戒的儀軌，我已闡釋了內皈依。

・・・

密皈依

卡千公主的措嘉佛母問上師：關於密皈依的對象為何？由何種人來皈依？用何種方式或方法皈依？需要何種不共心態皈依？皈依的時間多久？以何種機緣皈依？有何目的或功德？

上師答道：談到密皈依的對象，你應皈依**見**、**修**、**行**。

行這種皈依的人，必須是渴求成佛的最利根器者。

至於方式或方法，你藉由**見**、**修**、**行**的法門而皈依。也就是說，你以具信心的**見**、具禪境（experience）的**修**、具一味的**行**來皈依。

至於不共心態，**見**要離於攀緣，也就是不求佛果亦不棄輪迴；**修**要離於執實並不落任何言詮；**行**要離於取、捨並不落任何範疇。

皈依的時間是直到證悟成佛為止。

機緣是不求有來生而皈依。

目的和功德是在此生即證得圓滿正覺。

・・・

措嘉佛母問道：談到密皈依，需要修持何種修學？

蓮師答道：首先有三種不共的修學：

一、談到了悟的**見**：你必須修學對佛果不往他處覓的信心，因為一切眾生和諸佛皆具有相同的佛性。你必須修學顯、空不二的信心，了悟現象和心沒有分別。

二、談到修學具禪境的**修**：不要將心往外求，也不要把心往內縮，而是修學心自然坦住、自在、離於一切的參照（reference points）。

三、至於**行**：修學不間斷的禪境，雖然在行、住、坐、臥的任何時刻，並沒有所謂可修的東西存在，但仍須修學無任何須臾的散亂。

以下是七種共的修學：

一、不捨棄你的上師，即便你已了悟自心為佛。

二、不中斷功德的因緣，即便你已了悟萬法為心。

三、摒除最微細的惡行，即便你已無懼地獄。

四、不詆毀任何法教，即便你已不投入任何成佛之願。

五、不要自滿或自誇，即便你已證得殊勝三摩地。

六、不要停止對眾生的悲心，即便你已了知自、他無別。

七、在閉關之地修行來鍛煉，即便你已了悟輪、涅無別。

．．．

措嘉佛母問化身佛的上師道：談到密皈依，它如何庇祐與具有何種功德？

蓮師答道：既已皈依**見**，你能免於常見與斷見，邪見和拘泥的障礙已淨除，法界光明（the luminous dharmata）的資糧已圓滿，並已證得身、語、意的無竭成就。

既已皈依**修**，**見**亦會護持**修**，深執與習氣的障礙已淨除，無別不二的資糧已圓滿，並已證得信心與本然解脫的成就。

既已皈依**行**，你已免於邪行和斷見，虛偽與愚痴的障礙已淨除，喧囂中的無執資糧已圓滿，並已證得轉禪境為證悟的成就。

・・・

措嘉佛母問蓮師：何為密皈依的實修？

上師答道：**見**，自然安住，應離於攀緣和遠離偏頗與諸邊。修應離於任何執實和參照，不落任何言詮。

也就是說，不要將心往外求，也不要把心往內縮，應安住在離於任何參照的自然境中。

於行、住、坐、臥的任何時刻，皆不散亂地安住在無竭的禪境中。有成就或開心的覺受，或是空、樂、明的覺受，都是暫時的禪境，不應認為這些有何了不起。

當心煩躁、昏沉或呆滯時，把這些禪境當成修學。不管任何事，諸如此類的，都不要認為是缺失。

⋯

措嘉佛母問道：密皈依的方法為何？

上師答道：「大禮拜和繞行上師，獻上鮮花。弟子應雙跏趺，並以悲心為了自利、利他而受持菩提心戒。

然後，目不轉睛地凝視虛空，安止明覺——清楚、清醒、鮮明和遍在——離於知者與所知的拘泥。這即是具信的**見**、具禪境的**修**和具友伴的**行**！因此需要被直指而出，之後如上所述而**修**。

這即是密皈依的釋義。

⋯

化身佛的蓮師說道：這是我的口傳法教，包含了外、內、密法，高、低的見、咒乘和經乘同一根源的外、內、密皈依。

如果如此實踐，將會投入佛法的修持，你的修持會成為修道，你的修道會成熟而證果。卡千公主，你應如是解知。

・・・

至此圓滿了修道上皈依修持的法教。

三昧耶，封印、封印、封印。

III

菩提心：以發菩提心為道的法教

偉大的上師蓮花生是阿彌陀佛的化身之一。經過許多大乘經典的心性修學之後，他愛一切眾生，猶如母親愛其獨子般。他的一切行為皆是為了他人的福祉，是帶領一切眾生抵達涅槃的舵手。他不需請求就傳法予有需要之人，具大悲心的蓮師是眾菩薩之王。

當他待在蒙卡的獅林洞時，我，卡千的措嘉，生起了菩提心，下定成佛之心。向偉大的上師獻上了盛滿珍寶的曼達盤後，我做了這樣的祈求：奇哉！偉大的上師，你曾教導在生起對一切眾生的慈心與悲心之後，在大乘法教中最重要的就是菩提心的修學了。既然如此，我們又該如何修學菩提心呢？

上師答道：措嘉，如果你已進入大乘而不修學菩提心，就會落入小乘。因此，必須一直生起成佛的決心，並精進地修學利他。

在大乘的經、續中有無數相關的詳細闡釋。若依經、續法教來簡扼地說明菩提心時，可分為三部分：外修學、內修學與密修學。

菩提心的外修學

措嘉佛母問道：何為外修學的方法？

上師答道：外修學有十二要點：

一、菩提心修學的要義

二、分類

三、定義

四、行者的特質

五、授戒的對象

六、受戒的儀式

七、修學的利益

八、修學的原因

九、不修學的過患

十、誓戒

十一、持戒與破戒的分別

十二、破戒的還淨法門

她問道：您所說的這些要點又是如何？

一、要義

上師答道：生起菩提心的要義，是渴求證得無上的正覺，並持守菩提心戒，讓一切眾生從輪迴中解脫。

二、分類

佛經中有許多相關的分類，但簡言之，有兩種：願菩提和行菩提。願菩提是希望能成就眾生的福祉，但僅是如此並不足夠，重要的是能實際修持利益一切眾生。

要教尚未去除我執的偏私之人生起菩提心，似乎頗為困難。

三、定義

菩提心的定義，是在自身生起先前未有的利他之心。

對於沒有積聚資糧的人來說，這樣的利他之心無法生起。

四、行者的特質

要修學菩提心之人，必須具備一些特質：他必須嚮往大乘的法教，而非聲聞或緣覺；具有大智，而去除一切質疑；應該皈依某位上師與皈依三寶，並對謬誤或低劣的法教感到疲乏；應天生平靜與溫和。

西藏人對佛法充滿敵意，大臣們心術不正，國王容易受騙，只有少數一些人是適合大乘佛法的根器。措嘉，要戒除對敵、友的分別之心。

五、對象

授予你菩提心戒的對象，必須是位具大乘發心，並且充滿慈心、悲心的上師。他必須是位無須與自利的導師，並持守誓戒無任何的違犯。

在此濁世，若無追隨具德上師，是很容易落入魔掌的。

六、儀式

受菩提心戒的儀式如下：在三寶之前廣設供品，在吉祥年、月的農曆初八或十五，禮敬僧伽；舉行本尊的薈供，並向空行、護法與四大的神祇獻上盛大的食子供，布施所有財產並積聚廣大的福德。

同一天傍晚，對上師獻上初始的供金。對上師具禮敬之心，弟子須以七支淨供[1]

[1] 對三寶行七支淨供的大禮拜、懺悔惡業、獻供、隨喜他人的善德、請轉法輪、祈請勿入涅槃、迴向功德予一切眾生成佛。

來累積資糧。

尤其你必須如下述般懺悔惡行：觀想種子字**阿**在頂輪，藉由種子字放光而讓所有眾生證悟成佛，並向所有聖眾獻供。以光再收攝回種子字**阿**的方式，收攝所有聖眾的成就甘露，融入你的身、語、意之中，焚盡一切惡業與染污。如是觀想，持誦**阿**字一百零八遍。

觀想自上師心輪智慧尊的心間**吽**字放光，融入你的身、語、意，燒掉所有的惡業，如是觀想，持誦**吽**字一百零八遍。

接著是語的懺悔。憶念自無始輪迴以來所累積的一切惡行，以悔過心唸誦如下的懺悔文三遍：

金剛上師及一切持明者，祈請垂加護！
本尊壇城及文武百尊聖眾，祈請垂加護！
十方諸佛及佛子，祈請垂加護！
守護法教之空行母及護法，祈請垂加護！
於諸禮敬聖眾前，我，某某某，至心懺悔自無始以來，因妄念所造之身、語、意不善與惡行、教唆他人或隨喜惡行等所累積之一切惡業。

之後決心不再造作惡行。重複上述之祈願，並唸誦下文三遍：

猶如往昔諸佛及菩薩，圓滿五道十地之典範，遮止一切不善及惡行，我，某某某，自此直至證得妙菩提，遮止妄念所造諸惡行，吾今誓願從此永不犯。

實修菩提心

這有兩個部分：首先是初學者先發起願菩提心。

從自心深處，弟子應發起真誠心思惟：為解救輪迴之一切眾生脫離苦海，我將證得無上正覺！

最後重複上述的發願並唸誦下文三遍：

視一切眾生如父母、兄弟姊妹、兒女、上師與法友，我，某某某，自今直至證得妙菩提，將生起堅固之願心，解脫一切未解脫之眾生，度脫一切未度脫之眾生，救度一切未救度之眾生，使未證入涅槃之一切眾生，證入諸佛

無住之等覺境中。❷

其次，為了生起行菩提心，應如是思惟：自此刻起，只要輪迴不空，我將無片刻的放逸，並用各種方式來利他。重複如上的祈願後再唸誦下文三遍：

自今至輪迴未空，我，某某某，必生起堅固之願心，漸次修學、修持、圓滿六度及四無量心。如往昔諸佛菩薩，圓滿五道及十地，俱足根本、支分戒，吾亦如是修學、修持及圓滿。懇祈視我如菩薩。

上師接著說道：「應如是！弟子啊，善哉！具義矣！」如上重複三遍後，即得授菩提心戒。

自此為了無損地持守誓戒，上師應為弟子講授戒儀，而弟子應獻上供禮並廣設供養以酬謝。

自此不斷精進地發起菩提心、修持菩提心猶如潺潺水流般，是十分重要的。

---

❷解脫下三道之眾生至可修行佛法之境地；幫助上三道之眾生脫離輪迴苦海、證得解脫。救度發願菩薩，證得一至十地的成就。

七、利益

修學菩提心且生起菩提心的利益如下：已勝過聲聞與緣覺，你被視為是大乘的行者；你的煩惱、惡業、染污之根源皆已滅除；身、語、意的一切善業成為具義之因，並能圓滿廣大福德的資糧；恆時受到諸佛、菩薩與大護法神的垂顧；一切眾生將愛你如獨子，且你的容貌姣好，百看不厭；你將永不離失大乘法教。

總之，你將快速成就佛果的殊勝功德，並證得真實的圓滿正覺，其功德不可思議，因此要持續為之。

八、修學的原因

也許求自身的解脫就夠了，為何要解脫輪迴中的一切眾生？因為所有眾生都曾是你的父母，你欠他們的恩德難以思量，因此需要修學菩提心來回報他們的恩情。

他們的恩情在於造就了你的生命和肉體；打從孩提時，就用最好的飲食來餵養你長大；為了你，歷經各種痛苦和困難；珍愛你，不惜自身；甚至愛你遠勝過他們的自心。

還有，他們給你各種財物和資產、教育你、讓你學習佛法……等等。因為這些父母的彌天大恩，你必須將他們全數從輪迴中解脫出來。因為一切眾生皆有相同的根源——佛性，你也和他們息息相關，所以必須將他們全都從輪迴中解救出來。

措嘉，若你只圖自己的幸福，就和究竟佛果無緣。

九、不修學的過患

不修學的過患如下：既落入聲聞、緣覺乘，你就難以證得圓滿正覺；你所做的一切皆成泡影；往昔所累積的一切福德將被耗盡；恆時被鬼怪所阻撓；別人會討厭或不喜歡你。總之，你的願望都不會成功等等，因此有無窮的壞處。

措嘉，希望當一個大乘行者卻不具備菩提心是多麼愚蠢啊！

十、誓戒

有兩種誓戒必須持守：願菩提心的誓戒是你必須一再修學永不棄捨眾生；願菩提心會毀損，假如：

· 存心拒絕其他眾生後，你又生氣或動手打其他人，超過一天以上沒有採取對治法。

· 存心欺騙你的上師、老師、金剛法友或任何值得尊敬者，在欺騙後超過一天以上沒有採取對治法。

・你讓某人後悔所行的廣大功德——那應該要喜悅而非覺得後悔。在存心讓他覺得後悔之後，你又說：「還有比這更了不起的！這不算什麼！」就破戒了。

・基於嗔心，你批評一位已生起菩提心的菩薩。

・毫無悲心地欺騙其他眾生。

這些行為如果超過一天以上沒有採取對治法，就被稱為五邪行，必須捨棄，因為它們會讓你喪失願菩提心戒。

措嘉，如果你受了許多戒律而沒有持守的話，就會毀了自己。

此外，還有五事你必須執守：

一、生氣或動手打人的對治法，是你應該永遠平靜與溫和，並試著幫助眾生。

二、欺騙值得尊敬之人的對治法，是你必須要有良知，即便付出生命的代價也永不撒謊。

三、讓他人覺得後悔的對治法，是讓一切眾生行善而證得諸佛的正覺。

四、因嗔心而批評他人的對治法，是應讚嘆所有的大乘行者，並視他們為師。

五、欺騙眾生的對治法，是你必須以自心為證，並以純淨的發心跟隨善知識。

持守這些行為，你將成為釋尊法教的持有者，即便生為凡夫。

其次，行菩提心的誓戒可分為三點來解說：一、應捨棄的十惡；二、做為對治的十善；三、應採行的十度。

十惡

十惡中有三者是身業：殺、不告而取、邪淫。

殺

殺是中斷生命的延續。有三種因三毒產生的殺業：

一、出於貪的殺業，意指殺害動物因貪求牠們的肉、皮等。

二、出於嗔的殺業，例如因邪念而謀殺他人。

三、出於痴的殺業，意指沒有意圖的殺業，例如，小孩殺死一隻鳥或踩死一隻螞蟻。

沒有去除三毒的眾生，是不會快樂的。

當歷經下列四項步驟，便造成了殺業：

一、有存心：我要這麼作惡！

二、仔細謀劃並花費氣力。

三、實際的殺生行為並經歷之。

四、高興完成且無悔意。

殺生的果報會以三種方式顯現：

一、異熟果（報果）是出於貪的殺業，你主要會投生為餓鬼；出於嗔的殺業，你主要會投生在地獄道；出於痴的殺業，你主要會投生為畜生。

二、增上果是因為先前強烈的惡行，即便投生為人，也會短命或多病。

三、等流果（習果）是因為先前的習氣使然，你會以殺生為樂。

措嘉，因此我們必須嚴禁這些行為。佛經上說，如果努力鄙棄這些行為，你將轉變先前的異熟果、等流果和增上果，然後能擁有人、天的眾多快樂。

不告而取

第二項身的惡行要義——不告而取，即是據他人之財為己有。

這項惡行包括了用暴力強佔，例如在光天化日之下搶劫、偷偷地竊取財物或是像偷斤減兩地騙財。

措嘉，不改變貪財欲念的人是不會快樂的。

如同前述，偷盜的行為在歷經四項步驟後便完成了，同樣也有三種業報：

一、異熟果是你依犯行的大、中、小程度而墮入不同的下三道，特別容易投生在餓鬼道。

二、增上果是即便你投生為人，也將一貧如洗並遇到許多小偷、強盜。

三、等流果是由於阿賴耶識中所累積的這種不善習氣使然，你在未來累世中都會喜歡不告而取。

措嘉，如果你摒棄犯下這些行徑，將會有三種果報；你會有截然不同於前述三者的業報，像是投生為人、天、會很富有等等。

邪淫

第三種身的惡行要義——邪淫，是你犯下淫行，而對象是你所無權這麼做的人。

若細分，有下列幾項邪淫：

一、對一個平民來說，和國王所監護者，諸如王后發生性關係是不當的。

二、和法律所禁止的對象發生性關係是不當的。

三、在印度，和仍由父母監護的對象發生性關係是不當的，因為尚未成家立業的男、女仍由父母所監管。

四、和由「文明原則」保護的對象發生性關係是不當的，意指如此做會蒙羞，像是母親或姊妹。

五、和由佛法監管的對象發生性關係是不當的，像是上師的妻子、出家人等等。欲念重的人是無法進入解脫之道的，措嘉，要採取對治法。

也有一些情況，即便和你的正當伴侶發生性關係也是不當的。

一、在不適合的時間，如初一、十五和初八，發生性關係是不當的。

二、在不適合的場所，如三寶的壇城之前，發生性關係是不當的。

三、在不適合的孔口，如用動物的行徑，發生性關係是不當的。

措嘉，一般人若沒有捨棄家庭生活，是容易陷入魔王之毒的。

如同上述，歷經四項步驟後，邪淫的行為就完成了，同樣也有三種業報：

一、異熟果是你將會投生在下三道。即便投生在上三道，你也會和伴侶相鬥等等。

二、增上果是在來生累世中，你的助手、伴侶等等，都會無動於衷或是出現種種忘恩負義的行為。

三、等流果是你不善習氣會讓你喜歡邪淫。

措嘉，如果你摒棄這些行徑並加以戒除，將可獲得截然不同的業報，因此摒除邪淫是十分重要的。

其次，有四種語的不善。

誑語

第一種，誑語的要義，是在言詞上顛倒是非。

若細分，有下列幾種：

一、無利無弊的誑語，像是年邁老人所說的謊話。

二、有利有弊的誑語，像是利益某人卻傷害另一人的謊話。

三、「有殊勝功德的誑語」，意指宣稱自己心續中所具有的功德，像是神通之類的，但事實不然。

措嘉，不要說太多無的放矢的話。

如同前述，在歷經四項步驟後，誑語的行徑就完成了，同樣也有三種業報：

一、異熟果是你將墮入下三道。

二、增上果是即便投生為人，你的話也會毫無效力。

三、等流果是在未來累世中，你都會喜歡誑語。

措嘉，如果你摒棄這些行徑，將會獲得截然不同的業報，所以摒除誑語是十分重要的。

兩舌

第二項語的不善、兩舌的要義，是對好友之間的挑撥離間。

若細分，可有下列幾種：

一、公然的離間，當著某人的面直接談論。

二、間接的離間，迂迴地談論。

三、私下的離間，單獨討論他人。

措嘉，不能守口如瓶的人是不會快樂的。

四項步驟的完成一如前述，同樣也有三種業報：

一、異熟果是你將墮入下三道。

二、增上果是即便你投生為人，也少有朋友且爭議不斷。你總有諸多懊悔，被人人所厭惡，所說的話毫無作用。

三、等流果是在來生累世中，你將以兩舌為樂。

措嘉，若我們摒棄這些行徑，將會得到截然不同的業報，所以摒除它們是十分重要的。

綺語

第三項語的不善、綺語的要義，是浪費時間。

若細分，有下列幾種：

一、巫術的祝咒。

二、說故事和閒扯淡。

三、開玩笑。

如同前述，四項步驟完成此舉，會有三種業報：

一、異熟果是你將墮入下三道。

二、增上果是即便投生為人，你的話也會無足輕重、瞎扯、無關。

三、等流果是在來生累世，你將會以綺語為樂。

措嘉，如果你捨棄這些行徑，將會得到截然不同的業報，因此不要喜歡無意義的閒聊。

惡口

第四項語的不善、惡口的要義，是說傷害他人的話語。

若細分，有下列幾種：

一、當眾揭露他人過失。

二、間接傷害他人。

三、私下說些傷害他人的事。

措嘉，惡口的怒火會同時灼傷你和他人的心；惡口的武器會殺死解脫的命根。

這個行為亦經歷四項步驟而完成，也有以下三種業報：

一、異熟果是會投生在下三道。

二、增上果是即便投生為人，任何你所說的話都會觸怒他人，你也會老是惹人厭煩。

三、等流果是你會喜歡惡言相向。

措嘉，如果摒棄這些行徑，將會得到截然不同的業報。此濁世的眾生毫無快樂可言。

第三，有三種意的不善。

貪欲

第一種貪欲的要義，是貪執美好之物。

若細分，有下列幾種：

一、不肯給出你的資財。

二、渴望他人之財，想據為己有。

三、貪執不屬於自己或他人的美好之物。

措嘉，不要緊攫財物不放，佛法修行者若不能了知無常，是沒有快樂可言的。

這個行為由四項步驟而完成，以及下列三種業報：

一、異熟果是會投生在下三道。

二、增上果是即便投生為人，你也老是住在飢荒、乾旱連年的不悅之地。

三、等流果是在來生累世中，你都喜歡貪欲。

措嘉，因此摒棄這些行為是重要的。

惡念

第二項意的不善、惡念的要義，是一種敵意的態度。

若細分有下列幾種：

一、因嗔所生的惡念。

二、因悔恨所生的惡念。

三、因嫉妒所生的惡念。

措嘉，不要犯下傷害自、他的意念惡行。

這個行為由四項步驟而完成，有下列三種業報：

一、異熟果是會投生在下三道。

二、增上果是即便投生為人，別人會莫名其妙地仇視你，你也不斷碰到敵意與訴訟。

三、等流果是你培養出一種怨恨的心態。

措嘉，若你不捨棄惡念，就不是小乘與大乘的行者。

邪見

第三種意的不善、邪見的要義，是誇大或詆毀。

若細分，有下列幾種：

一、抱持外道之常見或斷見的邪見。

二、抱持某種規條或儀式，像是「如狗、雞般的苦行」❸是至高無上之類的邪見。

三、抱持相信「暫時聚合體」❹的邪見。

措嘉，很少人能真正瞭解佛法與外道的差別。

經過四個步驟，這些行為便完成了，會產生下列三種業報：

一、異熟果是會投生在下三道。

二、增上果是即便你投生為人，也會投生在未開化的部落邊地，從未能聽聞「三寶」之名。

三、等流果是因抱持邪見的習氣深植在阿賴耶識中，因此你會喜歡抱持邪見。

措嘉，所有的聖者都指責這十惡，所有的博學者都摒棄這十惡，甚至連尋求證得人天福報的人也都不犯這十惡。所以，摒除它們吧！

很多人不懂善惡之別，但受持佛陀法教的人應該懂得。既熟知善惡的因果，卻仍作惡，就無異於禽獸了。

• • •

❸印度教的一支，主張藉由模仿動物的行為可以證得解脫。

❹此謬見認為自我性（ego）或我體（self-entity）本自俱存於五蘊的相續之中。

措嘉佛母問道：摒棄這些行為後，會有怎樣的業報？

上師答道：異熟果是你將投生為人、天神，你的聲音會如梵天一般美妙，你的色身會如因陀羅般遠比他人美麗，你也會如轉輪勝王般富有。

增上果是你將博學多聞、非常聰穎且會遇到佛法，最後會證得三種成佛果位。

至於等流果是你會在所有的來世中，精進地摒除十惡。

・・・

措嘉佛母問道：關於這十惡，是否有任何程度上的差別？

上師答道：是的，是有不同。一般來說，會因煩惱而有差別。

一、出於嗔而犯下十惡，你會投生為地獄的眾生。

二、出於貪而犯下十惡，你會投生為餓鬼。

三、出於痴而犯下十惡，你會投生為畜生。

因對象的不同，也會有程度上的差別：

一、對殊勝對象犯下十惡，你會投生為地獄的眾生。

二、對一般對象犯下十惡，你會投生為餓鬼。

三、對低下的對象犯下十惡，你會投生為畜生。

尤其在各種不同的殺生中，最嚴重的惡果是殺害一位已生起菩提心之菩薩的性命。

在各種不同的不告而取中，最嚴重的惡行是偷盜三寶之財物。
在各種不同的邪淫中，最嚴重的惡行是強迫阿羅漢發生性關係。
在各種不同的誑語中，最嚴重的惡行是欺騙上師或僧團中的尊者。
在各種不同的兩舌中，最嚴重的惡行是導致僧團分裂。
在各種不同的惡口中，最嚴重的惡行是對僧團成員口出惡言。
在各種不同的綺語中，最嚴重的惡行是擾亂某位比丘或某位修持無別本性者的心念。

在各種不同的貪欲中，最嚴重的惡行是覬覦對三寶的捐款。
在各種不同的惡念中，最嚴重的惡行是計畫犯下「五無間罪」。
在各種不同的邪見中，最嚴重的惡行是誹謗實相。

措嘉，即便犧牲生命也不可犯下這些行為。

一般來說，十惡中也有些差異。
一、因為殺生、兩舌、惡口和惡念，你會投生為地獄道眾生。
二、因為邪淫、不告而取和貪欲，你會投生為餓鬼。

三、因為誑語、綺語和邪見，你會投生為畜生。

十善

措嘉佛母問上師：一個人要怎樣修持十善，即應採取的對治法？

上師答道：十善有四個主題：

一、要義是純淨的身、語、意，以便產生「上道」。❺

二、「善行」的定義，是指一個已獲得暇滿人身的人，以正確行止產生想要的快樂結果。

三、善行的分類和十惡完全相反：救生、慷慨好施、生活純正、誠實無偽、調和糾紛、謹慎柔語、言之有物、愛一切眾生、出離、對業果和了義沒有懷疑。

四、以下是十種善緣，幫助你維持心續中的善念：對正法有信心、保持自愛與良知、戒除賭博和爭吵、避免參觀市集、始終行為誠懇、摒除怠惰、不與損友為伍、身語意的調柔、培養四識住（譯註：指識住於色、受、想、行中而不可分），特別是將你的心專注在聖者之道上。

❺「上道」一詞純粹是指投生在輪迴中的上三道：人、阿修羅和天。

措嘉，若能這樣做，毫無疑問地，你將得到上道的業報。

十度

第三，關於十度的行止，有五個主題：

一、共的要義，是十度具有成就無上正覺的修道本性。

二、「度」（paramita）的定義，是能讓你到達（ita）大涅槃——輪迴苦海的彼岸（param）。

三、作用，是能圓滿兩種資糧與成就利生。

四、有兩種分類：共與不共。共的分類是六度：布施、持戒、安忍、精進、禪定、般若。

不共的分類：

布施有三種：法施、財施和無畏施。

持戒也有三種：律儀戒、攝善法戒和饒益有情戒。換言之，這樣的持戒是去除十惡、行六度和行四攝。

安忍也有三種：出離輪迴苦忍、利生苦忍、法忍——指戒除對甚深空性的恐懼。

（譯註：即安受苦忍、耐怨害忍、諦察法忍。）

精進也有三種：大乘法行精進、除逆緣之鎧甲精進、證圓滿正等正覺之無懈精進。

禪定也有三種：世俗定、出世定、兩者皆俱定。

般若也有三種：一切智、一切種智、無二兼離詮智。

你應知為了讓每個法門融入你的心續中，必須透過四度來完成。

藉由不求回報的布施來降伏吝嗇和匱乏，是**力度**。

離於世間與小乘動機的布施，是**方便度**。

有念布施：願斷除我及一切眾生的匱乏！是**願度**。

三輪體空的布施，是**本智度**。❻

同樣地，藉由不求輪迴業報的持戒來降伏不善，是**力度**。

離於世間八法的持戒，是**方便度**。

祈願：願斷除一切眾生的惡行，而不只求自身的人、天果報！是**願度**。

❻三輪指的是主、客和行動的概念。

具三輪體空的離念（nonconceptualization），是**本智度**。

為降伏嗔心而平等對待所有人，是**力度**。

不抱世俗的企圖，像狡詐或虛偽等，是**方便度**。

不求自己的來世有姣好的人、天色身，而祈願：願一切眾生的醜陋得以淨除！是**願度**。

具三輪體空的離念，是**本智度**。

為了降伏怠惰，牢記利、弊於心的精進，是**力度**。

不抱世俗的企圖，像是期望被他人崇信，是**方便度**。

祈願：願一切眾生終結怠惰，在修道上精進！是**願度**。

具三輪體空的離念，是**本智度**。

為了降伏散亂，藉由超越無色界的禪定，是**力度**。

為了證得無上正覺的功德而修行，而不求人、天果報，是**方便度**。

祈願：願斷除一切眾生的散亂！是**願度**。

去除三輪之念，是**本智度**。

為了降伏分別心，用具悲心的空性智慧，是**力度**。

三時（譯註：過去、現在、未來）無別，是**方便度**。

祈願：願我與所有人都證得實相！是**願度**。

了悟自無始以來，你的本性即具般若，是**本智度**。

措嘉，不放逸地如是修持。

五、修持十度的業報，是你將免入下三道；得生人、天善道；能圓滿五道；快速證得佛果，然後成為偉大的導師，幫助眾生自輪迴中解脫。

十一、持戒與破戒的分別

已獲菩薩戒的時刻如下：當累積了廣大的福德資糧後，藉由完全清淨自心，生起必須完成真正利生的念頭時，你唸完三次完整的儀軌後，就獲得了菩薩戒。

破失菩薩戒的時刻，是當你生起邪見或破斥三寶，即違犯了其修學。因此，精進地提起正念和良知以守護，是頗為重要的。

十二、破戒的還淨法門

如果你破了根本戒，必須如上述般重新受戒。如果你破了支分戒，必須在上師或三寶面前懺悔。

內菩提心

措嘉佛母問上師：當生起內菩提心時，應如何修學？

上師答道：內菩提心同樣有十二種修學的要點。

一、要義

要義是發願幫助那些不能了知內在本性與實相是離於造作的人。

二、定義

不倚靠「外在」身或語的行為，而單靠心性來培養，故被稱為「內」。

三、分類

有兩種：願菩提心與行菩提心。

願菩提心是願尚未證得本性之人能證得。只是坐著、嘴巴動動是不夠的，你必須精進地讓所有眾生都了悟。

措嘉，只要你還未免除二元分別的執念，行菩提心就仍然遙不可及。

四、行者的特質

除了先前的闡述外，修學內菩提心行者的特質，是極少有念頭的造作。

措嘉，讓你的心也做些休息吧！

五、授戒的對象

你應從修學三學而證悟兩種無我（譯註：人無我、法無我）、而從免除世間八風（譯註：指利衰、毀譽、稱譏、苦樂）的上師處得到內菩提心戒。

措嘉，一位上師對進入大乘法教是必要的。

六、受戒的儀式

讓自己三輪體空，捨棄任何世間行為的考量，然後請求真正的口訣。

七、修學的利益

你的意志會超越小乘和外道，因此會產生捨棄所有自私念頭和二元執念的作用，能證悟無我的本性。

八、修學的原因

修學生起內菩提心的原因，是為了讓一切眾生踏上真正修道、兩種無我本性之道。

九、不修學的過患

不修學的過患，是你會逸離無我的本性。

對一般沒有經過佛學薰陶而改變心性的人，和接受不正確觀點的外道信徒而言，人我（the self of the individual）被認為是一種存在，能控制、體驗因緣和合的五蘊、十二處和十八界。而且，認定這個自我是永恆的、實存的，執著此自我而有了敵／

友、自／他之分。

措嘉，你必須拔除這個執念的木樁。認定這個人我的危險，是因為對自我性和個體性的理解，會將對象視為是「他者」。一旦產生了這種二元性，你會認為對「自我」有利者即是朋友，而傷害「自我」的就是敵人，於是貪愛與憎恨的經驗，讓你造作出各種不同的惡業。由於這些業力，使你徘徊在下三道與輪迴中。

措嘉，除非你去除這個惡魔，否則永無快樂可言。何種人會抨擊人我？一般而言，所有佛教徒都會非難這個自我。尤其，聲聞乘更是強力譴責自我。毋庸贅言，我們都是入了大乘之門的人，也同樣指責對人我的執念。

據說聲聞乘只了悟部分的法我（the self of phenomena），緣覺乘也非全然了悟。亦即聲聞乘錯誤地主張物質的存在，而非了知法我；而緣覺乘則處於執著空性的境界，而非了悟真義。

措嘉，只要你還未能廓除下乘的信念，就不能了知實相。認定法我的危險，是因這樣的主張與執念，你會產生煩惱，使你徘徊在輪迴中，即便你歷經數劫地精進也沒用。

何種人會抨擊法我？一般來說，所有大乘行者都會非難法我；尤其，如果我們已進了密咒乘之門，卻仍執著在分別心上，是個很不好的徵兆。中觀派的信眾也指責法我。

十、應持守的重點

你應修學無我的意義，在此有兩種：願和行。

願的部分有三個重點應持守，如下述：

一、應持續地發願：願一切眾生永遠了悟無我的實義。

二、應白天三次、夜晚三次，修學對禪修無我實義者的隨喜。

三、應永遠不懈怠地修學不逸離無我的實義。

其次，行的部分有外、內兩點應持守。

外修學的四點是：

一、不離開傳授無我實義的上師或善知識，直到你證悟為止。

二、捨棄對住處、國家、地域、階級、敵、友的分別念。

三、聞、思、修有關無我與空性的法教。

四、不執著自身的姓名、家庭或肉體。

內修學的四點是：
一、不要認為名相是實物，因為外在的一切標籤與名相，在你內心並不存在。
二、應承認構成世界與眾生的萬法並無實性，雖然顯現，但僅是如夢似幻。
三、應白天三次、夜晚三次，探求拘泥不同外相的這個心，雖然實無一物。
四、不要逸離無可名、離一切邊的實相。雖然你探求自心，但實無可著。

最最重要的是精進地如是修學，若能如此精進，你將可滅除諸魔並脫離輪迴。

十一、持戒與破戒的分別

獲得內菩提心戒的時刻，是當你從上師處接受口訣時。

破戒的時刻，則是當你追求世俗的二元執念，而不能了知自性無實存時。就在破戒的當刻，應馬上採取對治！

十二、破戒的還淨法門

應如上述般修學維持著不分心於實相，你自然會解開二元執念的僵結。

密菩提心

措嘉佛母問上師：應如何修學生起密菩提心？

上師答道：有十一點。

一、要義

生起密菩提心的要義，是了悟自始無生的本淨、離於一切概念與言詮的限制，是離作的（beyond effort）。

二、定義

密菩提心對所有下乘自然是隱密的，因為其超乎言詮或心念。

三、分類

若細分，有兩種狀態：主張本淨是無修，和主張任運是本自圓滿而無修。你應離

於任何的分別念。❼

四、行者的特質

修持密菩提心的行者特質，是必須為最上根器者，對一切具體的現象感到厭離。措嘉，唯有具備前述修學的人，方能如此。

五、授戒的對象

傳授你密菩提心戒的人，必須是已證得法身俱一明點（the single circle of dharmakaya）而安住於無作大空（the effortless great expanse）境界中的人。措嘉，這唯有已證得大圓滿實義的上師才行。

六、受戒的儀式

授戒的儀式，是明力灌頂。

捨棄不淨的世俗身業，和純淨的善業；像一個功成身退的人般安住。

❼這指出大圓滿修持的兩個重要面向：「立斷」（trekcho）的本淨與「頓超」（thogal）的任運。這兩種修持都必須由大圓滿上師的口訣而得。

捨棄不淨的不善言詞，和唱誦與持咒；像一個瘖啞的人嚐糖般安住。捨棄不淨的輪迴俗念，和純淨的涅槃意念；像一個心臟剝除的人般安住。只消你上師的直指，你將可見到自心離言絕思的本然法身。措嘉，我這個口訣，是任運解脫與悟即解脫的法教。

七、修學的作用

修學密菩提心的目的，是毋須捨棄輪迴即可當下解脫，爾後所有的煩惱皆成菩提。因此，它有著當下證悟的功德。

八、修學的原因

如是修學的原因，是你必須具備離於偏見與分別心的天性。

九、不修學的過患

你不如是修學的危險，是會落入宗義（譯註：佛教傳統上有四部宗義，分別是隸屬於小乘法教的有部、經部和屬於大乘法教的唯識、中觀）的分別心，而有內在羈絆的過患。

十、應持守的要點

一、視一切萬法的根源僅是假立的，且俱足於你本有的菩提本覺（bodhicitta awareness）——無生本淨之中。

二、明白此本覺是本然覺性，沒有任何的造作，譬如觀者或被觀對象之類的造作。

三、了悟於此本覺境中生起的任何念頭或執念，即是明空自身。

四、了悟任何外相的現起，在經歷的當刻並不具有任何的實性，因此並不離於法界的幻化。

五、體驗心、物不二為俱生大樂，離於一切取、捨。

六、尤其，以一切煩惱和痛苦為成佛之道。

七、了悟一切眾生，在所見之時，並不實存，因此輪迴是無生的本淨，故毋須棄捨。

八、了悟萬法俱顯為佛身和智慧，本俱足於自心中，故佛果毋須成就。

如此，你將成為普賢王如來的法嗣。

十一、持戒和破戒的分別，與破戒的還淨法門

此處，毋須這類的造作，因為你於三時之中，本來就不曾離開過密菩提心。

跋

措嘉，我已將所有經、續、論和口訣的義理，濃縮於此外、內、密的發菩提心。

請付諸實修！

請做為修道！

請牢記於心！

請相應於義！

這是大乘法教的根本。

此為其言。

⋯

這是菩提心的大乘法教，名為〈以發菩提心為道的法教〉，於蒙卡星給宗❽記

下。

完成

伏藏印

封緘印

囑咐印

❽《上師密意集》的最後數行，融合了皈依與菩提心的法教為一，寫道：

這些有關皈依與菩提心的忠告，被視爲是珍貴黃金般的礎石，是一切佛法修行的基礎。適合所有的修行者，也是每個人都應該珍惜的不共教誡。

根據鄔金上師、蓮師所傳的口訣，爲了來世的眾生，我，卡千公主，將之寫下並當成伏藏而加以封藏。願來世的具根器者能遇到這些法教。三昧耶。

IV

密咒乘的十項基礎暨其他擷選法教：甚深教言問答錄

頂禮上師

偉大的上師蓮師降生在蓮花中，未受母胎的沾染，歷經諸多的苦修，終於證得了長壽持明果位，於是安住在截斷生死之流的境界中。

他傳下了八萬四千法門，通曉六道與天龍八部的語言，並用如梵天般的嗓音利益一切眾生。

他已證得全然的遍知，了悟超越生、滅的本性，且不會用分別心來區分事物的本性。

他生起所有應具的功德，是一切崇高事物的基礎和根源，且能善巧地運用各種法門來調伏一切眾生。

他的佛行事業召喚起諸佛的心意，且能主宰壽命和天龍八部的內心。

蓮師降生在湖中之島，並統治鄔金王國。他在八大寒林修行，在印度遍歷苦修，出於悲心前往西藏。他完成了藏王的心願，使印度、西藏諸國安泰。

這位仁慈的上師，攝受了我、卡千公主措嘉，自十三歲起成為他的法侶。我僅是一介女流，具有信心、大悲心、利他心和聰慧。

在一百一十一年❶間，上師待在西藏，我服侍他，讓他歡心。他傳予我全部心髓——口訣的精華，無一遺缺。這段時間，我蒐集並寫下了他所傳的所有法教，並將它

們埋藏為伏藏而保存著。❷

修學的基礎

上師說：在修持佛法時，你必須圓滿地修學十項基礎。

佛母問道：是哪十項修學的基礎？

上師說：你必須依**見**而決斷，通達一切法教，像大鵬金翅鳥遨翔於天際般。

你必須依**行**而篤定，無論如何不畏怯任何事物，像大象入水般。

你必須依**定**而修持，淨除無明的幽暗，像在暗室裡點燈般。

你必須依**口訣**而成就，在本性中解脫萬法，像覓得如意寶般。

你必須依**灌頂**而漸進，免除落入輪迴的恐懼，像王子登上寶座般。

你必須依三**昧耶**而固基，不浪費任何的行為，像沃土般。

你必須依**學**而解脫，精通所有的法相，像駿馬脫韁般。

---

❶這種計算的方式，應是以半年為計。因為其他大多數的文獻皆表示蓮師確實住藏五十五年，並詳列所待的地點和月份。

❷在此品中每節法教的數目，不用太拘限在字面上。經過數世紀的手抄文稿，有些字行似乎早已佚失。

你必須窮究所有根源，了知所有的佛法宗派，像蜜蜂尋巢般。

你必須撮要為一，了知所有法教都是一味，像商人點收獲利般。

你必須在智慧上登峰造極，了知所有法教的明確意義，像抵達須彌山頂般。

想要博學卻不修習這些要點的西藏人，不知根本要義，只是成為有太多門戶之見的行者。這是因不熟稔這十項修學基礎所造成的過患。

十種過患

蓮師說道：當你不熟稔這十項修學基礎時，就會有十種修法不成的過患。

佛母問道：是哪些？

上師說道：若你不依**見**而決斷，會有做任何事都舉棋不定的過患。

若你不依**修**而篤定，會有無法見、修合一的過患。

若你不依**定**而修持，你不能見法界本性。

若你不依**口訣**而成就，你不知如何修行。

若你不依**灌頂**而漸進，你不適合修行佛法。

若你不依三**昧耶**而固基，你會種下入地獄的種子。

若你不依學而解脫，你不能嚐到佛法的一味。
若你不窮究所有根源，無法斬斷宗派的門戶之見。
若你不撮要為一，無法領悟佛法的根本。
若你不在智慧上登峰造極，無法見法性。
所謂的精神導師，若不修持佛法來修煉自身，是不能領悟佛法乃離於宗派之分的，他們用大偏見彼此攻訐。既然所有的佛乘都是有效的，不要涉入口舌是非。坦然安住。

十種關鍵

蓮師說道：當修持佛法時，你必須具備十種關鍵。
佛母問道：是哪十種關鍵？
上師說道：你必須具備信的關鍵，免於動搖，如河般。
你必須具備悲心的關鍵，免於怨憎，如日般。
你必須具備布施的關鍵，免於偏見，如湧泉般。
你必須具備三昧耶的關鍵，免於過失，如水晶球般。

你必須具備見的關鍵，免於分別心，如虛空般。
你必須具備修的關鍵，免於廓清或模糊，如黎明的天空般。
你必須具備行的關鍵，免於取、捨，如豬、狗般。
你必須具備果的關鍵，免於棄、證，如抵達金銀島般。
你必須渴求佛法，如飢餓之人渴求食物或飢渴之人找水般。
總之，人們似乎只專注在發財上，而避開把修持佛法當成重心。當你死去時並不能把財富帶走，所以應當確保不墮入下三道才是。

十種膚淺

蓮師說：有很多人讓佛法修行流於膚淺。
佛母問：是如何？
上師說：只誦經卻沒有信心，是膚淺的。
沒有悲心的利他行為，是膚淺的。
不能免於吝嗇的布施行為，是膚淺的。
不持守三昧耶的密乘行者，是膚淺的。

不持戒的僧人，是膚淺的。
不禪修卻要高人一等，是膚淺的。
不修持佛法的博學多聞，是膚淺的。
不具有修行精髓的學佛，是膚淺的。
當一個人的言行不如法卻要教導他人，是膚淺的。
給別人建言，自己卻不那麼做，是膚淺的。
總之，我已厭倦去聽那些「博學」之人說法，他們的修行只是增添更多的煩惱，而不是調伏自心；任何他們所說的只是表面之詞罷了。

十種誇大

蓮師說：當修持佛法時，有十種誇大。
佛母問：是哪些？
上師說：宣稱懂得佛法卻不專心聽聞法教，是誇大的。
宣稱具有神力卻不修持儀軌，是誇大的。
宣稱得到加持卻沒有虔誠心，是誇大的。

宣稱已證得佛果卻不禪修，是誇大的。
宣稱已找到上師卻不服侍他，是誇大的。
宣稱已透過法教解脫卻沒有傳承，是誇大的。
宣稱已證悟卻沒有口訣，是誇大的。
宣稱你已解脫卻沒有修任何法，是誇大的。
宣稱你在修行卻不精進，是誇大的。
宣稱善緣俱足卻不持守三昧耶，是誇大的。
總之，希望修行卻不經磨折的人，只是個吹牛的人而不會成功。

避免十過

蓮師說：當修持佛法時，你得確定避免落入十種過失中。
佛母問：是哪十過？
蓮師說：縱使你在禪修，若是不能使禪修成為對治煩惱與念頭的靈藥，就會有口訣失效的過失。
縱使你已見到自性，若是不能使意識免於分別心，就會有不能與不共口訣相應的過失。

縱使你有很強的虔誠心，若是你沒有得到加持，就會有無法與證悟上師相契的過失。

縱使你很努力地精進，若是你的修行沒有進步，就會有自心無法全然清淨的過失。

若是你對修行感到厭倦，就會有尚未了悟本覺的過失。

縱使修行，若是你的心仍舊散亂，就會有尚未得到定信的過失。

若是禪境無法直接從你內心生起，就會有只歧入止的過失。

若是明力無法從你自身生起，就會有不知以現象為道上助緣的過失。

若你覺得斬斷對煩惱的執取很困難，就會有不知如何以五毒為道的過失。

若你不能面對痛苦與困逆，就會有不知如何轉心出離輪迴的過失。

總之，當你宣稱在修持佛法，內在卻充滿過失時，又怎能有機會得到善緣呢？

十種善德

蓮師說：你需要有十善，做為修行功夫的徵兆。

佛母問：是哪十善？

上師說：若你能克服妄念，即是已證得本覺的徵兆。

若是本智無別地現起，即是口訣奏效的徵兆。

若你視上師為佛，即是已生起對上師之虔誠心的徵兆。

若你無礙地得到加持，即是成就傳承未曾中斷的徵兆。

當造作地提起明覺，若你能無礙地改變心境，即是已全然修得明覺之力的功德。

若你日以繼夜地修行而不覺厭倦，即是已臻至心氣要點的功德。

若是座上與座下的明性沒有差別的話，即是已證得定信的徵兆。

若你能憶起法界，不管任何念頭或現象的現起，即是能以現象為道上助緣的徵兆。

若是煩惱的僵屍未曾生起，或即便生起也能馬上清淨，即是能任運降伏五毒的徵兆。

若你對痛苦與困逆不屈不撓，即是已了悟無常乃輪迴之特性的美德。

總之，當佛法在你心中露出曙光時，善德自然顯現。沒有信心、不精進也不聰穎的西藏人，是很難在他們身上生起任何美德的。

十種徵兆

蓮師說：當你把佛法放在心上時，會有十種徵兆。

佛母問：是哪十種徵兆？

上師說：當你的執著減低，即是已禳除執著實存的邪魔。

當你的執著心變少，即是已去除貪圖的徵兆。

當你的煩惱減輕，即是內心已平息五毒的徵兆。

當你的自私減少，即是已禳除我執邪魔的徵兆。

當你離於尷尬且無任何的參照時，即是妄念已瓦解的徵兆。

當你離於禪修者與禪修對象的概念，且不失去對本性的覺觀時，即是你已遇見法界本母❸的徵兆。

當任何概念的生起猶如平等無別的禪境時，即是已臻至見、修核心的徵兆。

當你已確定輪、涅無別時，即是完全證悟已從內在生起的徵兆。

❸這指的是「母光明」（ma'i'od gsal），是本性的根本明光，即一切眾生本俱的佛性。

總之，當你已無任何攀緣，即便對你的身體時，即是已全然離於執著的徵兆。

當你安住、無損於痛苦與困逆時，即是已了知現象如幻的徵兆。

當你只有輕微的世間八法顧慮時，即是已證得本心的徵兆。

總之，當你的內證外顯時，就像一株冒出新葉的樹木；當外在的徵兆被他人識出時，就像這棵樹的果實已成熟可食般。

有許多佛法修行者不具備絲毫的善德，有證量的人實在是少之又少，因此精進禪修是必要的。

十個事實

蓮師說：對所有能修持佛法的人來說，有十個事實。

佛母問：是哪些？

上師說：當佛法的出現正好與某人獲得人身巧合時，即是此人在前生累世中已積聚了資糧的事實。

當某人對佛法有興趣，正好與某位具口訣的上師相遇時，即是猶如瞎子遇到如意寶的事實。

當俱足暇滿人身正好與信心、聰慧巧合時，即是你前世修學的宿業被喚醒的事實。

當你有錢且正好遇到乞丐時，即是完美布施時機到來的事實。

當你想嘗試修行卻碰上苦難之湖氾濫時，即是你的惡業和染污正被淨除的事實。

當你正想轉心向佛法卻碰上莫名其妙的敵意時，即是引導你踏上修忍之道的事實。

當你了知因緣諸事的無常、具足信心正好和接受甚深教誡巧合時，即是轉心遠離俗世生活之時機到來的事實。

當你畏懼死亡正好和他人死亡巧合時，即是不共信心生起之時機到來的事實。

總之，若你想先完成世俗的追求，晚一點再投入修行的話，如果你找得到這樣的機會可真是稀奇！因此，只有少數人能從輪迴中解脫。

七種腐敗

蓮師說：當修持佛法時，有七種型態的腐敗。

佛母問：是哪些？

上師說：當你的信心低微但聰明才智高的話，會因自認是上師而腐敗。

當你有許多聽眾而自視甚高時，會因自認是善知識而腐敗。

當你設想具有不共的功德卻沒把佛法放在心裡時，會因自認自己是領導者而腐敗。

當你給予口訣卻自己不實修時，會因成為麻木的「佛學專家」而腐敗。

當你喜歡無聊的碎嘴而內心欠缺佛法時，會因成為攀緣的江湖術士而腐敗。

當你懂得一些皮毛卻欠缺口訣時，會因成為一個或許信心強大的凡夫而腐敗。

一個真正的修行者，他的言行若符合正法，應能以聽慧解脫自身、以信心調伏內心、以聽聞法教來斬斷謬見、能拋卻世俗的考量、將心融入佛法之中、以聞思來完備智慧、以口訣來定心，以及用見修來獲得最後的定力。不過，那是很困難的。

誤解的過患

蓮師說：當進入佛法之門後，可能會有許多種誤解，要小心！

佛母問：是哪些？

上師說：可能誤把一位博學的老師，當成是已經由聞、思而解脫的善知識。

人。

可能誤把一位不修行、麻木的「佛學專家」，當成是已經由實修而得到禪境的人。

可能誤把騙人的偽君子，當成是已經由實修而調伏自心的聖人。

可能誤把高談闊論的空話，當成是某人具口訣的證悟。

可能誤把吹牛者滔滔不絕地講說佛法，當成是具信者對實修的虔誠心。

總之，你必須確信將自心與佛法融合在一起。那些只用嘴皮子修法、自稱是修行者卻把佛法當成身外之物的人，在修行上是毫無成功可言的。

四法

蓮師說：須確信你的修行能成為真正的佛法；須確信你的佛法能成為真正的修道；須確信你的修道能淨除迷惑；須確信你的迷惑能破曉為智慧。

佛母問：那是什麼意思呢？

上師說：當你了知如何將所有法教精簡為同一法乘後，了悟而離於一切取、捨時，那時你的修行便成為真正的佛法。

當三種**觀**的境界：樂、空、無念破曉時，即是法身。

總之，有很多人將心固著在止的遲鈍狀態中，因此若不是投生在天道之中，便是即便不轉世也仍舊無法利他。

誓戒

蓮師說：皈依和持戒是佛法修行的根本。

佛母問：皈依戒和其他誓戒何時會從內心生起？

上師說：皈依戒的生起，是當你懼怕下三道且對三寶有信心時。

居士戒的生起，是當你相信因果業報時。

沙彌戒的生起，是當你的心出離輪迴時。

具足戒的生起，是當你的心完全離於所有惡行時。

願菩提心戒的生起，是當你出於悲心視自、他平等時。

行菩提心的生起，是當你視他人更勝於己時。

當你任何的修行都具備皈依和菩提心，且結合了生起次第和圓滿次第，融合方便、智慧，那時你的佛法即成為真正的修道。

當你的修道結合了見、修、行、果時，那時你的修道便能淨除迷惑。

當你精進地將見、修完全融入修行時，那時你的迷惑將破曉為智慧。

總之，無論你修任何法，若不能融合生、圓次第，見與修、方便與智慧，就會像只用一條腿走路般。

避免天道

蓮師說：當修持佛法時，避免讓你的修行落入下乘是很重要的。

佛母問：那是什麼意思呢？

上師說：避免執著三種止的境界：樂、空、無念是很重要的。若你執著它們，就沒辦法避免成為聲聞者或緣覺者。

西藏人認為皈依的修行是最低下的教法。僧院毫無戒律可言；那些宣稱修大乘的人沒有菩提心；密咒行者也不持守三昧耶；而瑜伽士則沒有真正的禪修。

在西藏要想得到任何的成就，會是很困難的。

身、語、意的三昧耶

蓮師說：當修持佛法時，你必須持守三昧耶，雖然很困難。

佛母問：應該怎樣持守三昧耶？

上師說：當見你的上師為佛時，你便具有覺身的三昧耶。

當見上師的語與法教為如意寶時，你便具有覺語的三昧耶。

當見上師的口訣是甘露時，你便具有覺意的三昧耶。

當你止息對本尊的取、捨時，便具有身的三昧耶。

當你對密咒乘毫無懷疑時，便具有語的三昧耶。

當你了悟心之本性的實義時，便具有意的三昧耶。

總之，當你的心清淨時，三昧耶就清淨。

十五種逆緣

蓮師說：當修持佛法時，可能會有十五種逆緣是你必須捨棄的。

佛母問：是哪些？

上師說：無聊的閒扯、逗鬧、調笑，是三種對禪定的障礙，所以必須捨棄。

親戚、朋友、弟子是三種佛法修行的轉移，所以必須捨棄。

財物、經商、享受是三種佛法修行的散漫，所以必須捨棄。

獲利、名聲、榮譽是三種佛法修行的鏈樁，所以必須捨棄。

睡眠、懶散、怠惰是三種佛法修行的頭號大敵，所以必須捨棄。

總之，最大的過患是被勸阻修行。

十五種順緣

蓮師說：當修持佛法時，你應該具備十五種順緣。

佛母問：是哪些？

上師說：聞、思、修是佛法修行的根本支架。

精進、信心、信任是佛法修行的命樁。

智慧、戒律、善良是佛法修行的三大特質。

不執著、不攀緣、不固著是佛法修行的三大和諧要素。

總之，在這裡連一個具備其中三項條件的修行者也找不到，要符合佛法的主要原則實在很困難。

二十一種徒勞

蓮師說：當修持佛法時，有二十一種徒勞。

佛母問：是哪些？

上師說：若你不放棄傷害眾生，那生起菩提心就是徒勞的。

若你不持守三昧耶，那接受灌頂就是徒勞的。

若學習許多法教而無法利益自心，那就是徒勞的。

若做許多善事卻和惡行混在一起，那就是徒勞的。

若你老是造惡業，那跟隨上師就是徒勞的。

若成為老師卻捨棄佛法修行和造惡，那就是徒勞的。

若從事某項工作卻助長世間八風，那就是徒勞的。

若跟隨某位老是仇視如母眾生的老師，那就是徒勞的。

若你經常造惡卻宣稱害怕下地獄，那就是徒勞的。

若你不抱持菩提心也沒有信心，那布施的行為就是徒勞的。
若你缺乏決心持戒，那受戒就是徒勞的。
若你不用正確的對治面對你的嗔心，那修安忍就是徒勞的。
若你的心老是陷入昏沉或掉舉之中，那修禪定就是徒勞的。
若你不將目標擺在成佛之道上，那精進修持就是徒勞的。
若你培養只是增加嫉妒和其他五毒的邪慧，那就是徒勞的。
若缺乏悲心，修持大乘法教就是徒勞的。
若缺乏了悟心之本性，那修禪定就是徒勞的。
若你領受口訣卻不將它們付諸實修，那就是徒勞的。
若利生的行為缺乏菩提心在其中，那就是徒勞的。
總之，雖然這些事徒勞無功、雖然毋須這麼多這類的事，幼稚的人們還是聽不進去。

四種不回

蓮師說：當修持佛法時，你必須具備四種不回。

佛母問：是哪些？

上師說：藉由憶念死亡，你不會落回對此生的顧慮之中。

藉由培植十種善行的業報，你不會落回下三道。

藉由培養慈悲，你不會落回下乘。

藉由禪修空性，你不會落回輪迴之中。

總之，當你修持佛法時，需要將心轉離對此生的顧念。

四種不會發生的事

蓮師說：當修持佛法時，有四種事情不應該發生，因此必須將之捨棄。

佛母說：是哪些？

上師說：若你不憶念死亡，你會發現毫無時間修行。

若因不信業報，你不會捨棄不善，你會發現毫無機會獲得較高的投生和解脫。

若你不畏懼輪迴的痛苦也毫無出離心，你在修行獲得解脫上不會成功。

若你只想為自己獲得救度和解脫，而不生起為了他人之故而成佛的願心，你將毫無機會獲得究竟佛果。

一般而言，若你不轉離為了此生的有限目的的話，你在佛法修行上怎樣都不會成就。甚少有人能捨棄世俗的顧念。

利用

蓮師說：當修持佛法時，你必須利用四種徒勞的事物。

佛母說：是哪些？

上師說：為了利用徒勞的肉體，清淨地持守你的戒律。

為了利用徒勞的資產，心中抱持菩提心而布施。

為了利用徒勞的好緣，累積福德資糧為因，並累積智慧資糧為果。

為了利用徒勞的學習，努力在有意義的實修上。

除非你明白如何利用這些，否則你所做的無非是世俗之事罷了。

五種無誤之事

蓮師說：當修持佛法時，你必須具有五種無誤之事。

佛母問：是哪些？
上師說：你必須無誤地持守所受的戒律和誓戒。
你必須永遠無誤地修持慈、悲與菩提心。
當思惟業報的因果法則時，你必須無誤地遮止最微細的惡行。
當觀修上師為佛時，你必須無誤地一直觀想他在你的頂輪上。
總之，你必須無誤地思惟萬法為空。

修持六度

蓮師說：當修持佛法時，你必須以六度來修行。
佛母問：要如何修呢？
上師說：當你心中怎樣都不懷有任何的吝嗇或偏執時，即是布施度。
當你能善巧地滅除煩惱時，即是持戒度。
當你能完全離於嗔心和怨恨時，即是安忍度。
當你能不懶散也不怠惰時，即是精進度。
當你能離於分心和執著禪趣時，即是禪定度。

當你能全然離於造作的念頭時，即是般若度。

三種追求

蓮師說：當修持佛法時，有三種追求。

佛母問：是哪些？

上師說：下根者追求的事業僅是為了來生而不管其他的事業，因此不可能不獲得較高的投生處。

中根者對整個輪迴感到厭倦，只追求善業，因此不可能不證得解脫。

上根者只追求為了一切眾生而修持菩提心，因此不可能不證得究竟正覺。

一般而言，所有人們從早到晚所追求的目的，無非僅是為了此生的歡愉而已。被此生的煩惱所困擾著，他們不可能不在來世中落入下三道。

五種眞正的哀悼方式

蓮師說：修持佛法的人在親人死亡時感到莫大的悲傷，這不是正確的方式。當修持佛法時，有五件事要哀悼。

佛母問：是哪些？

上師說：當你與一位尊貴的上師分離時，應以獻上祭供來哀悼。

當你與一位佛法上的益友分離時，應以累積資糧來哀悼。

當你與上師背道而馳時，應以悔過來哀悼。

當你毀損或破犯誓戒時，應以還淨來哀悼。

當你已有一段時日無法修行時，應以跟隨上師來哀悼。

當你的心誤入世間八法時，應以深刻的出離心來哀悼。

總之，那些不了知因緣之事皆是無常的人，將永遠無法竭盡或淨除其哀傷。

四種耕耘的方式

蓮師說：當修持佛法時，你必須具有四種耕耘的方式。

佛母問：是哪些？

上師說：你必須以堅固的信心，來翻鬆內心的礫土。

你必須以禪定的修持，來施加轉心的沃肥。

你必須以抱持菩提心，來播下善根的良種。

你必須以精進的耙夫緊握智慧的犁頭在悲、智雙運的耕牛上，來剷除五毒和一切妄念。

倘若你如此做，不可能不讓證悟的苗芽長成佛果的果實。

總之，有太多人不可能從事解脫的耕耘，但卻從不會對世俗的耕耘感到厭倦。可憐的眾生！

八種緘默

上師說：當修持佛法時，你需要保持八種緘默。

佛母問：是哪些？

上師說：保持身的緘默，待在閉關地且不落入任何邊見。藉此你將可遠離貪與嗔。

保持語的緘默，維持著如同瘖啞的狀態。藉此你將不會因和別人蜚短流長而逸離禪修。

保持心的緘默，不要讓自己被妄念和散亂所操控。這會讓你安住在離念的法身本性中。

保持官能的緘默，捨棄對食物的淨、垢概念。這會讓生活變得單純，也會讓空行母聚集。

保持口訣的緘默，不要將口訣傳給不適當的人。這會讓你得到傳承的加持。

保持行的緘默，任運地行動且毫不虛偽。這會帶來進步，並讓你的內心免於累積染污。

保持禪境的緘默，遠離執著和迷戀禪境，也不要將它們告知他人。這會讓你在此生證得大手印的成就。

保持證悟的緘默，遠離企圖心且不落入任何邊見而安住。這會讓你在證悟的剎那立即解脫。

一般而言，那些即使連一餐的時間也無法修行的人，那些連一座的時間也無法保持緘默的人，和那些無法讓他們的碎嘴緊閉的人，是無法在保持緘默上得到絲毫成功的。

魔考

蓮師說：佛法修行人在被魔所騙時也沒注意到。

佛母問：這怎麼說？

上師說：有權力的人被傲慢和自欺之魔所騙。

顯貴之人被雄辯和迷妄之魔所騙。

平民百姓被無明和愚昧之魔所騙。

富有之人被忙碌和增長財富之魔所騙。

修行人被增加財物之魔所騙。

他們被生養兒女、其冤親債主之魔所騙。

他們被謙恭弟子之魔所騙。

他們被可愛侍從之魔所騙。

他們被可憎敵人之魔所騙。

他們被親戚動人言詞之魔所騙。

他們被美麗飾物之魔所騙。

他們被柔言婉語之魔所騙。

他們被自身貪著之魔所騙。

他們被美貌和渴求貪愛之魔所騙。

一切有染污的努力皆是魔考。

深植內心的五毒是心魔。

有習氣的六塵是外器之魔。

執著禪趣是內情之魔。

希求大圓滿的果是見魔。

一切殊勝的功德也是魔。

一切無明和迷惑也是魔。

最大之魔是我執。

魔不在外而在內，你必須從內去斬魔。若能如此，魔將不會從外侵入。

有太多人無法認出此魔。

四種根本功德

蓮師說：當修持佛法時，你必須具有四種根本功德。

佛母問：是哪些？

上師說：具有大悲心的人，會擁有覺心。

遠離虛偽的人，能夠持守戒律。

不自欺的人，有清淨的三昧耶。

遠離貪愛的人，會有羞恥心和非皮毛的友誼。

總之，若你具有信心，在修行上也會成功。若你有決心，將可以持守你的誓戒。為了佛法的修行，你必須謹慎，在內心深處要如心骨般堅定。（譯註：表示強大的決心，以及永不放棄的勇氣。）

將五毒從根斬斷

蓮師說：當修持佛法時，你必須將五毒從根斬斷。

佛母問：這怎麼說？
上師說：嗔心重的人會受到最大的痛苦。
愚痴深的人就像野獸般，不能理解佛法。
高傲的人不能長養美德，且樹敵多。
貪欲重的人不能持戒，也常會被詆毀。
嫉妒心強的人有很大的野心，也喜歡耍心機。
不要追逐這五毒，你應從內在斬除它們，當五毒一生起的剎那就將之放掉。
恣意地投入五毒的人，只是製造自身的悲苦罷了。

調伏自心

蓮師說：當修持佛法時，你必須先調伏自心。
佛母問：這怎麼說？
上師說：你必須用慈悲的水滅掉嗔恨的烈火。
你必須用強力療效的橋樑來渡過貪欲之河。
你必須在愚痴的陰暗中點亮明智的火炬。

你必須用精進的搗杵敲碎傲慢的高山。
你必須穿戴安忍的暖衣來克服嫉妒的暴風。
總之，這五毒，你的頭號大敵，若你肆無忌憚地陷溺在其中，五毒將會在輪迴三界中把你毀掉。不要任由其恣意妄行，這會釀成大患。

五個徵兆的見

蓮師說：當修持佛法時，你必須具備五個徵兆的見。
佛母問：那是什麼？
上師說：你必須見非物性的心性，超越聖法的語言文字。
你必須見眼前萬象在離於固著之心時，是自解脫的。
你必須見任何生起的禪境，是非物性的大樂。
以尊敬和虔誠心，你必須見上師如佛般。
總之，當修持佛法時，你必須見萬物是離於執著的。

五種成就

蓮師說：當修持佛法時，你必須具備五種成就。

佛母問：是哪些？

上師說：不因怠惰而捨棄上師的口訣，你必須付諸實修。

你必須因自己的實修而能自利。

你必須藉由具口傳的加持而有能力引導弟子以利他。

你必須將萬法解脫入法界而成就不造作的本然。

你必須以證悟本來面目而成就本心即佛。

今日的西藏修行者連這其中之一也做不到的人，是連一項自己的願望也達不成的。

五種偉大

蓮師說：當修持佛法時，你必須具備五種偉大。

佛母問：是哪些？

上師說：你必須有一位具偉大口訣的上師。

這些口訣也必須具有方便甚深道的偉大。

你自己必須具有剛毅的偉大，以承受磨折。（譯註：磨折和折磨不盡相同，前者無心理上的苦感。）

你必須對佛法修行有偉大的發願。

你必須有偉大的決心來修行。

當你想從輪迴中解脫出來，除非具有這五項偉大，否則是不會成功的。

五種專精

蓮師說：當修持佛法時，你必須具備五種專精。

佛母問：是哪些？

上師說：要獲得對佛法的自然專精，你必須具備「知一解全」（knowing one that frees all）。

要獲得對法界的證悟，你必須讓無生由內展露曙光。

要獲得對三昧耶的自然專精，你必須具有無誤的心性。

要藉由努力獲得對氣的專精，你必須能承受磨折。

要獲得對口訣的專精，你必須能依人們的根器來應機教導。

五種多餘的事

蓮師說：當修持佛法時，有五件事是多餘的。

佛母問：是哪些？

上師說：當你對輪迴沒有出離心時，生起虔誠心是多餘的。

當你沒有遠離對物質的攀緣時，思惟空性是多餘的。

當你沒有遠離渴望時，修禪定是多餘的。

當你沒有遠離貪與嗔時，講述口訣是多餘的。

若不能配合權便之義❹卻給予冠冕堂皇的教示，是多餘的。

❹「權便之義」指的是世俗諦。

五種需要之事

蓮師說：當修持佛法時，有五種需要之事。

佛母問：是哪些？

上師說：需要被聖者攝受，這樣你才能獲得口訣的精髓。

需要對你的上師具備深刻、無竭的虔誠心，這樣你才能自然地得到加持。

需要累積特定程度的資糧，這樣你的心才能夠柔軟。

需要有一顆柔軟的心，這樣三摩地才能在你身上彰顯。

需要三摩地在你身上的彰顯，這樣你才能儘速地證得正覺的佛果。

五種誑語

蓮師說：當宣稱自己是個修行人時，有五件事會成為誑語。

佛母問：是哪些？

上師說：當你完全迷戀此生，卻說你害怕未來的投生時，此即是誑語。

當你毫不畏懼下三道而造業，卻說你已皈依時，此即是誑語。
當你的心沒有遠離渴望，卻說你是個禪修者時，此即是誑語。
當不知因果，卻說你已了悟見時，此即是誑語。
當還未度過輪迴的深淵，卻說你自己是佛時，此即是誑語。
有很多人宣稱自己是個修行人，卻自欺欺人。當往生時，這些誑語都會算到他們的頭上。

五句肯定

蓮師說：當修持佛法時，需要有五句肯定的教誡。
佛母問：是哪些？
上師說：若無禪修，肯定禪境和證悟是不會產生的。
若悲、智在大乘修行裡分道揚鑣，肯定你會落入聲聞乘的境地。
若你不知如何結合見與修，肯定你會步入歧途。
若無真正證悟心性，肯定會同時存在善行與惡行。
若無了悟你的自心，肯定無法證得佛果。

五件無意義之事

蓮師說：當修持佛法時，有五件事是毫無意義的，要避免！

佛母問：是哪些？

上師說：跟隨一位不具有口訣精髓的上師，是毫無意義的。

傳授法教給一位不能持守誓言的弟子，是毫無意義的。

明白法教但卻不能利用與付諸實修，是毫無意義的。

修禪定但卻不能改善自心，是毫無意義的。

投入書空咄咄的空洞法教但卻不能幫助自己，是毫無意義的。

一般而言，有很多人的修行是毫無意義的，基於無明，他們並不知其中的差異。

六種殊勝功德

蓮師說：當修持佛法時，你必須具備六種殊勝功德。

佛母問：是哪些？

上師說：為了要專精見，你必須了知一切唯心。
為了要遠離戒律上的虛偽，你必須清除心的染污。
為了要不偏私地修持布施，你必須免於期待感激或回報。
為了要以安忍來面對困逆，你必須去除對敵人的嗔恨。
為了要以聞、思來修心，你必須要能以五毒和痛苦的經歷為修道。
為了要禪定，你必須要能避免被「福報之魔」❺所帶走。
無論如何，這些修行人的所作所為是不如法的。

四種缺點

蓮師說：當修持佛法時，你必須捨棄四種缺點。
佛母問：是哪些？
上師說：僅在閒暇時修行是不夠的；你的修行必須無竭如河水的流動般。
僅是到達看見鬼怪的禪境是不夠的；你必須透過佛法修行讓自心解脫。

❺這是指修行朝向自私目的的誘惑；當行善不具備出離心或菩提心時。

僅是在修上做作是不夠的；修必須是自然與任運的。

僅是顯示敬意和做出承諾是不夠的；你必須實際地在上師跟前承事。

總之，這裡的修行人不能免於這四種缺點；往生時，他們會如凡夫般死去，得到後果。

僞裝

蓮師說：這些佛法修行人是妄自尊大的吹牛者，他們甚至比一般人還差勁。

佛母問：那是什麼意思呢？

上師說：他們宣稱在修持佛法且跟隨上師；他們假裝是老師或有許多僧眾；他們宣稱在管理寺院和獻上精緻的供品；他們假裝很努力地修行且具有較高的識見；他們宣稱能閉嚴關且擁有最高的法教。想要用虛偽的行為來愚弄他人，卻無法剷除世俗的欺偽，只會造成在死時追悔莫及的因！

十四種要拋諸於後的事

蓮師說：若你想要發自內心修持佛法，有十四種事情是必須拋諸於後的。

佛母問：是哪些？

上師說：成為野鹿的幼子，長居在僻靜的山野。

以齋戒為食，修持「辟穀」❻的苦行。

不要混在都會的上等階級裡，在行事上維持低調。

以取悅敵人的方式來行事，斬斷所有和家鄉的牽繫。

穿著棄衣並謙恭。

捨棄對親友的執著，斷絕所有牽掛。

試著仿效諸佛並實修。

將心託付在口訣上，並付諸實修。

把本尊當成是最重要的精髓並持誦本尊的咒語。

❻梵文的rasayana，是一種以藥草、礦物和五大能量的精華維生之瑜伽行。

將惡行視為是最齷齪之事，並將之捨棄。
對上師慷慨並盡己所能地奉獻。
將輪迴拋諸腦後並生起厭倦之心。
將勝利讓給他人，不要和權貴競爭。
自己退一步，並坦承自己的過錯。
若能如此，你的佛法修行必會如法地進步，且會遠離輪迴。

三種應棄捨的病

蓮師說：當修持佛法時，有三種病是你應棄捨的。
佛母問：是哪些？
上師說：除非你捨棄家鄉——土地的病，否則你會被五毒的監牢所困住，而落入下三道。
除非你捨棄對自有房屋和財產的執著——住處的病，否則你會被抓取和我執的地牢所困住，而不能斬斷貪魔。
除非你捨棄子孫和家庭——親戚的病，否則你會被輪迴的泥沼所困住，而不能覓得解脫的機會。

實在需要很大的耐性，不捨棄這三種病且不注意到被這三種毒病所折磨著，還能住在輪迴的房子裡。

從輪迴中解脫的方法

蓮師說：當修持佛法時，有從輪迴中解脫的方法。

佛母問：我們該怎麼做？

上師說：若你想生起殊勝的虔誠心，要觀察上師的外、內美德。

若你想和每個人和睦相處，不要在利他的努力上躊躇不前。

若你想了悟上師之心，將他的口訣付諸實修。

若你想儘速證得成就，從不失去對三昧耶的持守。

若你想脫離生、老、病、死的四種洪流，要不斷地堅定在無生的總基❼上。

若你想在修行上毫無障礙，要將世俗的分心拋諸腦後。

❼在此，「總基」（kun gzhi，阿賴耶識）是法身的同義詞。

若你想不費力地成就利他，要以慈無量、悲無量的菩提心來修心。
若你懼怕在下一生落入下三道，就要在此生中捨棄十惡。
若你想在此生和來生獲得快樂，就要努力行十善。
若你想專心在佛法上，在磨折和悲慘時更要百折不撓地修行。
若你想遠離輪迴，在自心中尋找無上的正覺。
若你想證得三身的佛果，努力積聚兩種資糧。
若你能如此修行，將會獲得快樂。不將心轉離輪迴的人，是不會快樂的。

誠心地修持佛法

蓮師說：若你想打從心底修持佛法，是有方法的。
佛母問：是什麼？
上師說：當修儀軌時，要遠離貪與嗔。
當你以正確的方式研修時，要戴上安忍的盔甲。
當住在僻靜處時，不要執著食物或財富。
當你嚮往能導向成就的佛法修行時，要追隨一位已然證悟的上師。

當你遇到一位崇高的上師時，不要抗拒他，而應盡力地讓他高興。
當你對佛法感到懷疑時，向你的上師請益。
當你的親戚和你作對時，應斬斷執著的繫縛。
將障礙或鬼怪的干擾拋掉。
毫不遲疑地立刻修行。
不要企求同伴，應安處僻處。
朋友和資產、親戚和物質，都是如幻的，所以將之捨棄。
貪與嗔會噴湧而出，若你繼續和他人共處的話。
獨居並努力禪修。
許多消遣只會打斷你的修行，因此將之捨棄。
總之，不能加入修行的人，是無法覓得真正的快樂的。

持守三昧耶

蓮師說：當修持佛法時，你必須持守三昧耶。人們似乎只會違犯三昧耶，因為不能承受艱困之故。

佛母問：這怎麼說？

上師說：有違犯者將自己上師秘而不宣，卻宣稱自己博學多聞，只是在自吹自擂。

有違犯者想要供養上師，之後卻改變心意，把供養私吞，當成自己財產的一部分。

有違犯者矇騙、欺騙上師和法友。

有違犯者詆毀自己仁慈的上師，然後誇耀自己的名聲。

有違犯者把自己的過錯投射到上師身上，還假裝具有清淨的三昧耶。

有違犯者認為自己能評斷難以評估的上師生平。

有違犯者向他人讚揚上師的美德，但到頭來卻企圖和上師分庭抗禮。

有許多頑固之人，宣稱有智慧但卻未曾聽聞法教，宣稱（心性）成熟卻沒有接受灌頂，或宣稱具有口訣但卻未曾接受過。因此，只有少數人能得到加持和大力。

堅信

蓮師說：當修持佛法時，堅信是極為重要的，有十種因能生起信心。

佛母問：是哪些？

上師說：了悟目前的事業、所獲和名聲毫無快樂可言。

相信善行和惡行的業報。

憶念終會一死而感到疲累。

了知財富和資產、兒女、配偶和親戚都是無關緊要的，因為在死時都無法相伴。

了知你無力選擇下一生的環境，因為要怎麼投生是未知數。

了悟若不修行，在獲得暇滿人身後，將會空手離開人世。

了悟不管未來將投生在六道輪迴中的任何一道，都離不開苦。

聽聞三寶的殊勝功德。

視尊貴上師的特殊行止是美好功德。

結交良善、處處行善的法友。

能記得或依止這些事的人會遠離輪迴，但縱使要生起其中一項也很困難，不是嗎？

十三種出離

蓮師說：若你想打從心底修持佛法，必須具有十三種出離。

佛母問：是哪些？

上師說：若你不出離家鄉，是不可能打敗傲慢之魔的。

若你不捨棄家業，是不可能找到時間修持佛法的。

若你不擁抱覺得有信心的佛法，是不能終結業力的。

當你自己沒有信心時，放棄去詆毀他人。

若你不能捨棄所擁有之物，是不可能斬斷世俗的牽掛的。

若你不能和親戚保持距離，是不能截斷貪和嗔的波流的。

若你不能當下就修持佛法，就不能保證下輩子會到哪兒去。

若你希望未來再做某些事，而不是在目前當你有機會時就把握的話，很難說將來會怎樣。

不要愚弄自己，斬除企圖心，開始正法的修行。

放棄親朋好友、愛人和所屬之物。若你能馬上這麼做，會意義非凡。

不要助長某些不善的社交地位，那肯定是你無福消受的；應增長善行，那肯定是必要的。

不要為明天未雨綢繆，也許並不是那麼必要；寧可透過修行來為死亡做準備。這絕對是必要的。

若你努力在佛法修行上，毋須擔憂衣食，自會取得。我從未聽過或見過有人因修行而餓死的。

十三件重要之事

蓮師說：當真心修持佛法時，你必須修持這十三件重要之事。

佛母問：是哪些？

上師說：找到一位具美好功德的上師是重要的。

長時間跟隨一位具有口訣的上師是重要的。

對殊勝的三寶生起穩固的虔誠心是重要的。

遮止最微細的不善和邪行是重要的。

白天三次、夜晚三次地思惟無常是重要的。

精進地修持善法是重要的。
任何時間都要培養對眾生的慈、悲是重要的。
善巧地拋掉對現象和物質的執著是重要的。
對無誤口訣的篤定是重要的。
合宜地持守三昧耶和誓戒是重要的。
清楚自心是重要的。
不洩漏秘密口訣給不適之人是重要的。
當修行時，努力並待在僻靜處是重要的。
若你能如斯行持，則佛法的修行是會成功的。

如法的做法

蓮師說：若你想修持佛法，是有方法的。
佛母問：應該怎麼做？
上師說：若你想見到法界的本義，必須追隨上師。
若你想從輪迴中解脫，必須捨棄一家之主的生活。

若你了悟自己終得一死，必須修持佛法。
若你想修持無二無別，必須捨棄事業。
若你想圓滿美好的功德，必須修持成就。
若你想拋掉悲慘，必須捨棄徒眾和隨從。
若你想得到禪境，必須經常在山林間閉關。
若你想遠離貪執，必須捨棄家園。
若你想見識神通，必須透視自心的明鏡。
若你想獲得成就，必須在頭頂上禮敬上師、本尊和空行。
看來似乎沒有人修持獲得解脫的法教。

堅毅不撓

蓮師說：當至心修持佛法時，你必須堅毅不撓。
佛母問：這怎麼說？
上師說：朋友和子嗣、食物和財富，都是虛幻的，所以將之捨棄。
娛樂、榮耀和好緣，都是嚴重的障礙，所以將之捨棄。

同伴、親戚和侍從都是輪迴的根源及貪嗔之因，所以將之捨棄。

歲月、時日，都在縮減踏入棺材前的時間，所以要趕快修行。

沒有堅毅心和真正目標的人，會認為親戚、食物、財產和子嗣是很特別的，他們將散逸當成是好緣，視結伴是愉悅的，沒有注意到歲月、時日的流逝，相信能活得久長。臨死之際，他們得自求多福。

修持佛法的困難

蓮師說：要修行佛法，事實上是困難的。

佛母問：怎麼說？

上師說：有抱持邪見的過患。

禪修時有作意（mental fabrication）的誤導。

最嚴重的敵人是毀壞三昧耶。

行會被身、語、意的不善所迷惑。

法教被過多的野心所摧毀。

佛法因企求致富而衰頹。

誓戒被批評他人而染污。
修道被執著痛苦為真而誤導。
因執著所欲而失去謙遜。
目標因此生的一切所求和名聲而誤失。
不修持的上師令人羞愧，因此禪定者灰心喪志。

自在的方法

蓮師說：若你知道怎麼做，是有方法自在的。
佛母問：煩請開示！
上師說：當離於二元的拘泥時，見是自在的。
當遠離昏沉、掉舉與散亂時，禪定是自在的。
當執著淨除如虛空時，修是自在的。
當心的染著清淨時，禪境是自在的。
當心離於煩憂時，你所在之處是自在的。
當分別心被清淨時，悲心是自在的。

當拘泥由內清淨時，布施是自在的。
當明白食物和財富是虛幻時，受用是自在的。
當你沒有任何高傲的外貌時，你的日修是自在的。
當你沒有主導充滿悲哀的家庭生活時，營生是自在的。
當你沒有競逐名門的特質時，交往是自在的。
當遠離幼稚的行徑和我執時，此人是自在的。
當服侍具有悲心和口訣的尊貴上師時，此人是自在的。
當了知佛性具存於一切六道有情時，是易於感覺他們是你的親眷的。
當你斬斷貪執時，就能無入而不自在。
當現象和器世任運解脫時，是易於現起大樂的。
當明白聲、色俱是如幻時，是易於斬斷悲苦的。
當你了悟本來面目時，是易於免除費力和掙扎的。
當證悟念頭為法界時，是易於以任何所見為禪修的。
了悟這些，你將無入而不自在。
在濁世的眾生若不離於我執的話，是毫無快樂可言的，著實可憫。

快樂之道

蓮師說：若你能依循這些教誡，即是快樂之道。

佛母問：應該怎麼做？

上師說：因為執著和攀緣的泥洞是深不見底的，你若能捨棄家園才會快樂。

因為出自意根的聞、思是無止盡的，你若能了悟自心才會快樂。

因為尋常的空談是永不竭盡的，你若能保持禁語才會快樂。

因為世俗散亂的活動是永不會終止的，你若能安處僻靜才會快樂。

因為事業永無止盡，若你能捨棄作為才會快樂。

因為對財富的累積永不會滿足，若你能拋掉貪執才會快樂。

因為你厭惡的怨敵永不會被降伏，若你能克服自身的煩惱才會快樂。

因為你所依戀的親屬永不會感到滿意，若你能斬斷牽掛才會快樂。

因為輪迴之根永難斷絕，若你能斬除我執才會快樂。

因為念頭和想法永不窮盡，若你能斬斷起念才會快樂。

一般而言，未能免除我執的眾生是不會快樂的，他們會在輪迴中長期地受苦。

誤入歧途

蓮師說：有很多瑜伽士在信誓旦旦之後，誤入歧途而無異於常人。

佛母問：那是什麼意思呢？

上師說：當瑜伽士高談見卻尚未證悟心性且目標擺在各種他見上，是誤入歧途。

當瑜伽士劃地自限且一知半解地投入「愚修」中，是誤入歧途。

當瑜伽士自稱一切唯心卻涉入輕佻的行時，是誤入歧途。

佛母問：要怎樣避免誤入歧途？

上師說：當瑜伽士證悟萬法唯心並以法身為道時，即不會誤入歧途。

當瑜伽士斬斷一切念頭的造作並具備見的信心時，即不會誤入歧途。

當瑜伽士將這些付諸實修且以明覺為道時，即不會誤入歧途。

當瑜伽士了知萬象為助緣且遠離執著和攀附時，即不會誤入歧途。

總之，在此末法時代，多數的瑜伽士都會誤入歧途，僅有少數能倖免。

無可避免之事

蓮師說：當修持佛法時，有一些重要之事是無可避免的。

佛母問：這怎麼說？

上師說：當你了悟本具的俱生智時，無可避免地會證得正覺。

當你了悟輪迴的特徵是持續的悲苦並轉心出離時，無可避免地會從輪迴中解脫。

當你對任何宗派都不抱持偏見時，無可避免地會通達無量所學。

當你了悟輪迴的特徵是持續的痛苦且避之唯恐不及時，無可避免地會從輪迴中解脫。

當你尚未離於抓取和拘泥時，無可避免地會落入輪迴中。

因為智慧並不具任何實體，當你明白如何任運地清除五毒時，無可避免地會免入地獄。

在此無人具有這些法門，因此皆會長期地流轉在輪迴中。

缺乏成就

蓮師說：人們修持佛法的方式不會有任何成就。

佛母問：這怎麼說？

上師說：在授予法教時，他們誤入誇大和詆毀。

在研修時，他們誤入希望和恐懼。

在舉行薈供時，他們誤入對飲食的執著。

在禪定時，他們誤入昏沉和掉舉。

在增長福德時，他們誤入尋求尊敬和有形的收穫。

當獲得智慧的善巧時，他們誤入更大的渴望中。

當和許多弟子結緣時，他們誤入在修行上的緊繃。

有太多修行人的所作所為都違反了佛法。

自滿

蓮師說：這些所謂的佛法修行人，在傲慢和自滿上頗具野心。

佛母問：這怎麼說？

上師說：一些自滿的人，自認在所學和法教上具有智慧。

一些自滿的人，自認虔信且在修持佛法。

一些自滿的人，自認是住在山林僻靜處的禪修者。

一些自滿的人，自認是強勢、能力高強之人。

有些人一看到財富或所欲之物時，就像肉食動物嗜血般渴慕著。

當一看到某些不喜或有害之物時，他們就像野放的犛牛般逃得遠遠的。

他們迷戀自己的美德，就像注視著孔雀翎毛上的彩眼般。

他們嫉妒他人的美德，就像看門狗守護房產般。

總之，這些自滿的修行者，是自己的心腹大患。我為這些被魔所抓住的傲慢傢伙感到可憐。

斬除善、惡的繁瑣

蓮師說：當修持佛法時，斬除善行與惡行的繁瑣是必要的。

佛母問：這怎麼說？

上師說：當執持自我的概念窮盡時，就沒有佛法、沒有惡行、沒有業力、沒有業報。屆時你會斬除善、惡的繁瑣。

正因為如此，直到你將執持自我的概念終結為止，不善業仍會累積業力且帶來果報，善業仍會累積業力且帶來果報。

當意念窮盡時，就不會有任何善行或惡行的累積，也不會帶來任何果報。這即是所謂的「窮盡因緣」，或者稱做「勝義諦」。

未來，在末法的五百年間，有些人會沉溺在粗重的煩惱中，因為不能了悟我執且無法泯除意念之故。

他們會佯稱具有究竟之見，宣稱留意善、惡業的果報是低下之見。蔑視業力的法則，他們會宣稱自心是已開悟的。

有些人行止輕薄，恣意妄行。

他們的行是顛倒的，只會帶領自己和他人走上末路。

須臾也不可依循這樣的例子！

我，措嘉，一個傲慢的女子，長期侍奉化身佛的上師。在不同的情境下，他給予佛法修行的教誡，我用絕佳的記憶力終年牢記著，並為了後代之故加以整輯並寫下。因無意於現下弘傳，我將這些法教當成珍寶埋藏。願它們能與具器、有緣之人相遇。

此〈問答教言錄〉係於亥年仲秋二十五日予清浦上洞所寫下。

伏藏印

埋藏印

囑咐印

V

金剛上師和本尊：傳措嘉佛母密咒乘口訣之法教、上師特質暨如何禪修本尊問答錄

頂禮上師

來自鄔金國的偉大上師蓮花生，先是降生在一朵蓮花上，之後證得長壽持明❶果位，最後證得了殊勝的大手印成就。❷他能見諸佛如天上星辰般，並能行善巧之方便。

出於對西藏的悲心，見這個被黑暗籠罩、沒有佛法的國度，彷佛深陷在濃霧之中，於是他前往西藏。在紅岩建了吉祥桑耶寺，以達成八地菩薩之藏王赤松德真的願望。

他在清浦的哲古洞修法並安住於定中。這段期間，赤松德真王親侍蓮師，侍奉得宜；卡千的措嘉佛母也隨侍在旁。巴果的毗盧遮納將所有法教從鄔金語翻譯成藏文。博學、具德的西藏人向上師請法，尤其是卡千公主的措嘉佛母，持續地請求與修行相關的口訣教示，以及如何廓清攸關佛法的疑惑。

• • •

措嘉佛母問上師：偉大的上師，當進入密咒乘法教之門後，上師與導師是最為重

❶四種持明果位的第二級。
❷四種持明果位的第三級。

要的。我們所追隨的上師特質應當為何？

上師答道：上師和導師至極重要。上師的特質如下：他應當已調伏其心；他應具有許多口訣；他應當學識淵博且具實修與禪修的經驗；他應具穩定的心性且具轉變他人之心的善巧方便；他應當才智絕頂且具悲心關懷他人；他應對佛法具有強烈信心和虔誠心。若你追隨這樣的上師，就像覓得如意寶一般，你的一切所需和所願皆會實現。

⋮

措嘉佛母問上師：若沒有從上師處領受灌頂，是否能得到成就？

上師答道：若沒有侍奉上師和接受灌頂，即便你努力研學等等，也無法得到成果，且所有辛勞終究白費。

灌頂是密咒乘的入門，進入密咒乘卻未接受灌頂是毫無意義的，因為將一無所獲且會毀掉你的心續。

⋮

措嘉佛母問上師：若一位未曾獲得灌頂的上師為他人授灌頂，這些人會得到灌頂嗎？

上師答道：雖然你可能被一位騙子指派當上大臣而賦予權力，但你會遭遇的僅是不幸而已。同樣地，雖然你可能被一位從未受灌的上師傳授了灌頂，但你的心只會被糟蹋。甚至你還會摧毀別人的心，像被套上軛的牛掉入深淵般地墮入下三道，被一只鐵盒套牢而無出口，你將被送進地獄的底層。

．．．

措嘉佛母問上師：在接受灌頂時，你的供養物僅是你所揣想的某種東西嗎？

上師答道：在所有的經、續中都提到，當你歷經無數劫的漂泊後終於獲得此珍貴人身的此時，你應當：三輪體空地將身體、生命和伴侶，供養給指引你無上正覺之道的上師。

．．．

措嘉佛母問上師：破犯上師教誡的惡行有多嚴重？

上師答道：三界的惡行加起來，也抵不上破犯上師教誡之罪的一小部分，藉此你會投生到無間的金剛地獄永不得超生。

・・・

措嘉佛母問上師：我們應如何看待具有口訣的請法上師？

上師以偈頌回道：

應知上師猶勝過
十萬劫之一切佛
凡於十萬劫諸佛
皆從追隨上師起
未曾有過任何佛
不曾追隨上師者

上師是佛是正法
同理上師亦是僧
上師諸佛之總集
亦是金剛持本性

且爲三寶之根本
金剛上師之教誡
持守不破片隻語
倘若破犯師教誡
將墮無間金剛獄
解脱機會永不得
憑侍上師獲加持

⋯

措嘉佛母問上師：上師或本尊，哪個比較重要？

上師答道：不要認為上師和本尊不同，因為是上師為你引介本尊的。要一直將上師置於頂上禮敬，這樣你就會得到加持並除去障礙。若你認為上師和本尊在功德上或重要性上是不同的，就是持有謬見。

⋯

措嘉佛母問上師：本尊的修持為何重要？❸

上師答道：修本尊法是必要的，因為藉此你可以獲得成就，你的障礙可以移除，你會獲得能力、得到加持，並生起證悟。因所有這些功德皆來自本尊的修法，此若無本尊，你就會只是個凡夫。藉著修本尊法，你可獲得成就，所以本尊是必要的。

．．．

措嘉佛母問上師：當修本尊法時，應如何禪定和修持才能獲得成就？

上師答道：因為方便與智慧是要透過儀軌的法門，來修持任運的身、語、意，因此不管你實修具身、語、意的任何層級儀軌，都會成就方便與智慧。當儀軌和持誦修到足夠的份量時，就會成就。

．．．

措嘉佛母問上師：我們要如何接近善逝本尊？

上師答道：了悟你和本尊是不二的，且沒有和你分開的本尊。當你了悟本性即是

❸這個問題是重造的，因在原來的手稿中已經佚失了。

無生法身時，便接近本尊了。

…

措嘉佛母問上師：哪一個本尊較適合修持，寂靜尊或忿怒尊？

上師答道：因為慈悲與智慧是要透過儀軌的法門，來修持任運的身、語、意，所有無量諸佛、寂靜尊或忿怒尊、主尊或眷眾，皆是為了被調伏者的任何權宜應化所示現，不管是寂靜尊或忿怒尊、主尊或眷眾的任何形式。但祂們皆是法身的一味，每個人都可以修任何他覺得親近的本尊。

…

措嘉佛母問上師：若我們修持某一本尊，是否等於修持一切諸佛？

上師答道：所有本尊的身、語、意，都是從與被調伏者意識相應的三身所化現的。事實上，不管祂們怎麼顯現，若你修持一尊，就是修持全部；若你成就一尊，也就是成就全部。

…

措嘉佛母問上師：若修某一本尊後又修另外一尊，會有問題嗎？

上師答道：雖然諸佛示現出各種佛部和形象，以便善巧地調伏眾生，但事實上就其功德而言，祂們是不可分的。倘若你能以這種不可分的了悟來修持諸佛，福德自會不可限量。但若你認為本尊有不同的功德，是有所取捨的，用這種觀點來修持，那你是難以估算地迷妄。認定本尊有好有壞，對其有所取捨，是不對的。若你不這麼認為，不管修再多本尊都行。

・・・

措嘉佛母問上師：藉由修某一位如來的近持誦❹，可以成就所有善逝的本心嗎？

上師答道：以廣見和安住本心來修持，你會臻至穩定的本尊；當你完成持誦的數量時，只要一著手就會成就一切諸佛的事業無餘。

・・・

措嘉佛母問上師：若某人具高超之見，便能免去本尊的修法嗎？

---

❹一般而言，「近」這個字僅是指「持誦」，但就不共而言，是「近、成四支」的第一部份。

上師答道：若你在正見上已具信心，那即是本尊。不要認為本尊是某個色身，一旦你了悟法身的自性，即是成就了本尊。

・・・

措嘉佛母問上師：我的身體如何在本尊壇城中顯現？我又要如何修習靜、忿兩部？

上師答道：觀想你自身是本尊形象的大手印❺，即是觀想你的心性以本尊形象示現。因為你的心性會以不同方式顯現，成為主尊和聖眾，不管祂們怎麼變現，都是佛性的幻化。

・・・

措嘉佛母問上師：忿怒尊將聖者如大梵天、因陀羅或四方護法神踐踏在腳下，這樣的觀修不算違犯嗎？

❺在此行文中，「大手印」意指本尊「殊勝的色身」之義。

上師答道：那是一種象徵或指示，為了要去除對自我和他人的執著，將概念趓入法界中，使自大者的傲慢為之汗顏。在擬人化的同時，其下方的寶座所代表的則是傲慢和迷惑。

•••

措嘉佛母問上師：禪修三頭六臂之類的忿怒尊或僅是一頭二臂，是否有任何功德程度上的差別？

上師答道：有許多頭和臂的忿怒尊，其三頭代表佛的三身，六臂象徵六度，四腿表示四無量心，各種法器象徵滅除各類邪魔和其他各種功德。事實上，這些形象並無實質。

至於本尊具一頭二臂，其一頭表示不變的法身，二臂則象徵以方便和智慧來成就利生，雙腿象徵以空、慧，顯、住來利生。不管你怎樣觀想本尊，法身是超越任何質、量上的差別的。

•••

措嘉佛母問上師：要怎樣做才能在禪觀中親見本尊？

上師答道：不要認為本尊是有形的色身，本尊是法身。觀修本尊的色身，是從法身所化現而來，顯出身色、法器、裝飾、衣物及各種相好莊嚴，應栩栩如生但無自性，就像水中映月般。你當能如此修持而臻至心念上的定力時，就會親見本尊、得授法教之類的。若你著相，就會誤入歧途而被魔所迷住。出現這類的禪觀，不要迷戀或雀躍，因為那也僅是你自心的化現。

・・・

措嘉佛母問上師：若我們親見某位本尊，是否和親見一切諸佛相同？

上師答道：若你能親見某位本尊，和親見所有本尊是一樣的，因為法身是超越數量的。

你之所以會親見任何禪修的本尊，是因為你的心已調柔。因為本尊是自心的化現，祂並不存在於外境。

・・・

措嘉佛母問上師：據說藉由禪修本尊而證得持明果位，這「持明」指的是什麼？

上師答道：藉由禪修自身是俱生智的「殊勝色身」（大手印），你會證得已開悟心性的本尊，俱足三十二相、八十隨行好及般若智。祂是大手印色身，隸屬於你所修持的任一佛部，此謂持明。

•••

措嘉佛母問上師：持明者住於何處？

上師答道：那是你自心以本尊的形象安住著，且以無住而住。但據說一旦你證得了持明果位，就不會退轉。

•••

措嘉佛母問上師：我們要如何禮敬本尊？

上師答道：你應以不捨棄本尊，即便以生命為代價也在所不惜；對本尊不抱持任何懷疑；在尚未證得無上菩提心之前皆片刻不離本尊等方式，來禮敬本尊。當你行、住、坐、臥之際，皆觀想本尊，那麼就能自動地獲得成就和加持。

•••

措嘉佛母問上師：需要不斷地觀修本尊嗎？當你成就一種法門後，還需要繼續修下去嗎？

上師答道：先修一位本尊，跟著儀軌修，即便你親見本尊、獲得加持後，若是中斷了修法，就會是重大的違犯。因此繼續修下去是必要的。

．．．

措嘉佛母問上師：我們要如何持續修持本尊法的近、成？

上師答道：當修持本尊法時，你必須在每一座都修生起次第，每一座也要修持誦，獻供、供食子、讚頌和祈請滿願，然後以圓滿次第的禪修空性來封緘。最好是每天修八座，其次是修四座，最起碼也要每天修一座，再少就不行。藉此可履行三昧耶，並可獲得成就。

當你的生起次第、圓滿次第臻至穩定，而毋須捨棄肉身時，就可成熟為本尊身，這便稱做**成熟持明**果位。雖然你的肉身依然是凡夫身，你的心性卻已成熟為本尊，這就像是模子所形塑的佛像般。

當你離開肉身進入中陰時，你會成為特定的本尊，猶如佛像出模般，這便稱做**大手印持明**果位。行者的肉體被稱做臭皮囊，一旦肉身捨報後，行者就轉成本尊的色身。

措嘉佛母問上師：為何有些本尊現出動物頭、人身的樣貌？禪修這類本尊是具有實體的嗎？

‧ ‧ ‧

上師答道：本尊示現的動物頭，象徵那種動物所具有的特殊功德，並非具有動物頭就是真實俱存、要從外在某處來修成；祂們仍是你自心的化現。

從雙運本尊化現、具有動物頭像的非人女魔，例如普巴（Kilaya）的噬者和弒者，或是清淨嘿嚕嘎的八大女魔。就像金、銀的混合物叫做合金，這些非人則化現為具本尊身和動物頭的形貌。祂們是由男性本尊的慈悲與女性本尊的智慧所化生的，或者說男性本尊的慈悲本性與女性本尊的智慧本性所化生。為了象徵實現特殊的事業，所以化現為具有那種不共功德的動物頭像。

‧ ‧ ‧

措嘉佛母問上師：當世出的主尊周繞著世間眷眾，這樣將出世、入世的本尊混在一起會有衝突嗎？

上師答道：世出的主尊是智慧尊，就像有威勢的國王能召令傲慢的部眾般，所觀想的世間眷眾是執行主尊召令的神祇，能持續地解脫怨敵、魔障等。出世、入世就好比國王和隨從般，所以沒有衝突。

．．．

措嘉佛母問上師：在日修中禪定或持誦是較為重要的嗎？

上師答道：有關證得大手印的不共成就，當你的心已調柔時，禪定就會調柔，屆時你就會親見到本尊的色身。而當了悟本尊即自心時，佛的三身也會在你身上彰顯。

至於共成就的證得，有息、增、懷、誅等無數事業，所以持咒是非常重要的。最終要完成固定數量的持誦。在你圓滿閉關之前，不讓世俗的閒談中斷了持誦是必要的。不管你完成了任何的功課，都應該持之以恆地持咒，要非常有毅力。

．．．

措嘉佛母問上師：若是本尊自然現前，是成就嗎？

上師答道：本尊的現前，是一切諸佛慈悲方便的無礙事業。因此，在須被調伏的眾生意識中，祂們示現為寂靜尊、忿怒尊、壇城和佛淨土、男性與女性、主尊眷眾及單尊等。為此住在奧明法界（Akanishtha）的本尊宮殿、主尊、眷眾等，不同於其他天界的淨土。從無生法身化現的色身乃是為了利生，也會隨眾生的不共根器而被觀見。

…

措嘉佛母問上師：關於向本尊獻食子供等等，若本尊接受供品並因讚頌而欣悅，是否無異於具存的世間神祇？若不是的話，這些舉措的作用何在？

上師答道：智慧尊並非因讚頌而欣悅或因供品而歡喜，這是為了清淨自心，你必須觀想並迎請本尊，讚頌、獻供等等。這麼做，是讓虔誠心清淨汝心。因為諸佛無竭的慈悲方便，你會得到加持和成就。就像下面的例子：藉由向如意寶獻供，它會圓滿眾生的所需和所願，雖然如意寶並無任何利生的意圖。

…

措嘉，西藏的行者將本俱的本尊擺在一旁，而去尋求奧明法界的佛。沒有絲毫的禪定功夫，他們的事業誤入歧途成為巫術的祝咒；不知如何自然清淨本身的三毒，他們供養血、肉的食子；不為了證得不共成就而修持，反而渴求神通、子嗣和財富；他們誤導密咒乘而輕洩秘密；把口訣當成貨品一樣交易，他們忙於神通和下毒咒。其中很多人會轉生為具邪見之人、食人魔、夜叉和羅剎鬼。所以，要圓滿正**見**之力、以禪定為**修**、投入四種事業為**行**，並成就大手印不共成就之**果**。

・・・

蓮師以問答的形式傳授卡千公主、措嘉佛母之密咒乘口訣此訖。

伏藏印

封藏印

囑咐印

VI

金剛乘的修心：密咒乘的無上修心法
修持有相本尊的口訣

頂禮上師本尊空行

偉大的上師蓮花生已證得生起次第、圓滿次第的成就，並已獲得本覺的明力灌頂。他已臻至住於大手印色身的成就，在虛空的幻化裡，您遊於整個情器世界中。為了當前國王和王子以及來世眾生的福祉，他傳給了卡千公主、措嘉佛母這些真實的口訣——密咒乘的無上修心法。

措嘉佛母說：奇哉！偉大的上師！我向您請求修持有相本尊的口訣。既然沒有依靠本尊是不可能證得成就的，那要如何修持本尊呢？

上師說：有相本尊的禪修有兩種：下根器者的漸修與利根器者的無二修。

下根器者

下根器者應修持寶貴的覺心、菩提心。一開始，你這個行者，不管住於何處，都應用聖甘露或寶瓶水清洗雙手、口、臉等，並以雙跏趺或單跏趺之姿端坐在舒適座墊上。

之後，你應將心導向輪迴三界中的一切眾生，他們深陷於痛苦和苦因之中。首先要生起菩提心，想著：為了救度一切眾生出離輪迴，我將修持本尊法！接著培養悲憫一切眾生的悲心、願一切眾生離苦的慈心、願一切眾生得樂的喜心，以及願一切眾生永不離樂的（平等）捨心。

隨後，唸誦**嗡啊吽**三字，生起自身為本尊的佛慢，並觀想不共的種子字在本尊心間蓮座、日、月輪上。

接著觀想由種子字放射光芒，至十方一切諸佛、菩薩的淨土，及面前虛空中的上師、本尊、空行等，向其禮拜、獻供、懺悔惡行、隨喜福德、皈依三寶、請轉法輪、祈請勿入涅槃、發起菩提心、並迴向功德等。祈請上師和聖眾離去後，讓你的觀想留駐或融入自身——看哪一種方便。這些步驟全是累積福德資糧的部分。

隨後，為了要累積智慧資糧，藉由心間種子字的放光，讓你全身化為光，同時也放光至十方，使一切世間萬物皆化成光。而這光受到十方一切諸佛、菩薩的加持。

然後光收攝回自身，器世間化光收攝入有情眾生；有情眾生融入自身；你全身的光隨之像呼氣在鏡面般地消融；再慢慢融入蓮座；然後融入日、月輪；再融入種子字；種子字也逐漸融向半月和頂明點。頂明點的光是自性，如髮尖百分之一的大小。如是一再地觀修。

當觀想已不清晰時，念觀空咒等，之後化空。

二身之果，來自於這兩種資糧的圓俱。

在空性的境界中，觀想心性顯現為本尊的種子字，或觀想種子字變現為標誌著種子字的代表法器，從法器變現出你不共本尊的完整頭部、各種法器等，然後是心間蓮花座上日、月輪上的種子字。

接著放光迎請面前虛空之十方一切諸佛、上師、本尊、空行。再獻上五種供品，召請智慧尊降臨、祈請智慧尊安住。

觀想諸佛賜予灌頂與頂嚴部主的寶冠，向祂們祈請後，請其離去。

隨後，觀想頂、喉、心三處日輪上的三個種子字，加持其為身、語、意，一心專注在本尊上。

當你感覺到觀想疲累時，就持誦。

一、耳語金剛誦，是持誦在唯衣領可聞之處。

二、旋律金剛誦，是在大成（great accomplishment）部分時，以曲調來唱誦。

三、秘密金剛誦，是以心意持誦。

四、如輪持誦，是觀想咒語由口出、由臍輪入，再融入心間。

五、如鬘持誦，是轉動心間的種子字和周圍的咒鬘，持誦時專一心念在咒字上。

六、專注於咒音的持誦，是在持誦時將心念專注在咒語的聲音上。

座間的修持

措嘉佛母問上師：在修本尊法的每座之間，該怎麼做？

上師指點：當你不能持誦時，就供食子和搖鈴讚頌。在請求智慧尊離去後，你仍維持平常的思維。

當你這位行者想獻供以求成就時，在你的面前擺設繪像、塑像或佛經，然後用鮮花浸泡的香水來供曼達。剎那間，生起本尊的佛慢，並從心間的種子字放光。迎請十方一切法身佛和色身佛：祈請法身佛安住於佛龕與經書上，祈請色身佛安住在繪像和塑像上。

觀想十方的諸佛、菩薩、上師、本尊、空行海會雲集於你面前，向祂們獻上你的任何所有，並行七支淨供。

至此，你可向本尊獻上食子，向護法獻水食子，做擦擦、泥塑像或其他類似的修行。

之後，若你想讀誦一切諸佛的佛語，觀想霎時你的舌頭化空，從空中顯出**吽**字，並化現出單鈷金剛杵，觀想誦唸聲自金剛杵之杵內**吽**字所發出。你的無數化身遍滿於十億宇宙，每位化身的口中皆有金剛杵。觀想誦唸聲被一切眾生所聽聞而從輪迴中解脫。這即是誦唸佛經的儀軌。

這些步驟皆是在日修座間所做的修行。

封緘生起次第

措嘉佛母問上師：我們如何用圓滿次第來封緘生起次第？

上師指點：想要修持圓滿次第的行者，必須在已觀想自身為本尊身後，請求智慧尊離去。再將誓句尊化光，成為本尊的種子字或**吽**字，**吽**字逐漸消融為明點，明點越來越小，直到成為明空。在明空的境界中，安住在「萬法本然」（thatness of all phenomena）、空性、超越有無一切邊的俱生離念中。交替地，一再用自上師處所得的圓滿次第口訣來提醒自己。

若你這位行者能如是修持，每天修三座或四座，將在此生或毋須再經投生而中斷，便能於中陰時安住在大瑜伽（great yoga）境中，且可證得本尊的大手印色身。縱使你生起次第的功力尚未圓滿，在下一生中，你也將住於大瑜伽的境界中，無疑地可證得大手印持明果位。

所有的這些步驟，皆是給具單純心性根器者在漸進禪修上的指點。

利根器者

措嘉佛母問上師：利根器者應如何修行？

上師答道：當利根器者在禪修本尊時，並毋須按部就班地觀想，只要唸誦根本咒、一個句子，或僅是想著或憶起本尊，他就能清楚地、立即地、且自顯地觀想，猶如從水中冒出的水泡般。這即是由法界迎請本尊。

觀想自己是虛空中的本尊，本尊雖顯但無自性，即智慧；這是空、智不二。

在世俗諦上，無竭地化現本尊；但在勝義諦上，要了悟本尊的本質是無自性的，即是空。這是世俗、勝義不二。

本尊顯現為男性是方便，顯現為女性是智慧；這是悲、智不二。

本尊顯現為本尊身是樂，無自性是空；這是樂、空不二。

本尊顯現為本尊身是覺，其相無自性是空；這是覺、空不二。

本尊顯現為本尊身是明，無自性是空；這是明、空不二。

以此方式觀想自身為本尊，身相可見但無自性，因此超越了老、衰；語是無竭的，因此心咒超越了滅；意是超越了生、死，因此是法界的生生不息。

在日常的四個活動：行、住、坐、臥中，都不離本尊；此即是利根者之道。這極為困難，是那些宿業薰習者才辦得到的範疇。

觀想的次第

措嘉佛母問上師：請給予禪修本尊時應如何繫念本尊於心的開示。

上師答道：首先，是關於觀想本尊的口訣：不管你觀本尊於面前，或是自觀本尊，在獲得上師的口訣後，上師應給予弟子加持並保護弟子免受魔障的侵擾。

之後，坐在舒適的座墊上，身體鬆坦，將一幅完好的本尊繪像置於面前。安坐一會兒，不想任何事，然後從頭到腳地看著圖像，再從頭到腳地慢慢觀看所有的細節，或觀整個圖像為一體；有時安住，不想圖像而重新開始。以此方式，全天候一再一再地觀。

晚上則睡足整晚，一起床後又再度觀看如前。晚上不用觀修本尊，僅是將自心安住在離念的境界中。

依此，即便不禪修，本尊也會清晰地浮現在心中。若非如此，注視著圖像，閉上眼睛，然後觀想圖像在你面前。一直坐著，直到觀想能自然維持住為止。當觀想變得模糊不清時，就再看一下圖像，然後重複觀想，讓其清晰呈現。破除概念化的思維，端坐著。

如此禪修，你會得到五種禪境（experiences）：動境、成境、慣境、定境和圓境。

一、當你的心還未安止，有無數的念頭、想法和回憶時，這是動境。藉此你慢慢迫近心的掌控。這個禪境猶如自陡峭懸崖流洩而下的瀑流。

二、之後，當你能短時間地觀想本尊，本尊的身形和顏色能同時歷歷在目時，即是成境。這個禪境就像是小池塘般。

三、接著，不管你禪修的時間長或短，本尊都能清晰可見，且能在座上六分之一的時間裡維持不變、沒有出現粗重的念頭時，即是慣境，猶如小河流淌般。

四、之後，沒有動念，且你能在整個座上都保持清楚地觀想本尊，這即是定境，如須彌山般。

五、其後，當你能在白天、甚至更久的時間，對本尊的手和腳、甚至細到連身上毫髮都能不失清楚地觀想，且沒有生起任何的概念思考時，這即是圓境。

行者啊，把這運用到你自身的禪修上吧！

若你觀想本尊不清而坐得太久，身體會不舒服，會感覺疲累而且無法在禪定上進步，甚至會有更多的念頭產生，所以要先提神醒腦一下，再繼續禪修。

除非你能達到清楚的觀想，否則晚上不要禪修。一般而言，觀想要短座。在有陽光時、在天空清亮時、或用一盞油燈來禪坐。不要在剛剛起床後或你覺得昏昏然、愛睏時禪坐。

晚上，睡足整晚，隔天禪修八個短座。

當禪修時，若你猛然起座，會失去定心，所以要緩慢起座。

當你在禪修時，若觀想變得清晰，就可以也在晚間、黃昏或晨曉時禪修。

一般來說，不要讓自己累垮。把心專注在觀想上，穩定地慢慢成習慣，並且觀想本尊的完整形貌。

延長觀想

措嘉佛母問上師：在多長的時間內，我們應該維持對本尊的觀想？

上師答道：在你已達到如上述的一些明晰和些微定力後，就可延長保任的時間。

通常持誦決定了每一座的時間長度，但因還未到持誦的部分，所以座上時間就依你保持觀想的能力而定。

至於每座的內量法，呼吸的間隔是最重要的。對外量法而言，座上的時間和數目則是最重要的。

座數的估算可以用每天晝、夜共四座來決定，儘可能越長越好。估算座數的目的並不是為了讓身體不舒服，而是為了保持均衡的修行、加強定力和能夠長時間地觀想。

至於計數，不要用口頭上來計算而應使用念珠。依此，慢慢地增加數量，一段時間就休息一下，並禪定片刻。

而以影子估算（shadow measure），則是將白天分成十六座或八座，每座禪修的時間是二刻度的影長，中間休息一刻度。總之，禪修八座，交替八次的休息。

當你已穩定時，連著禪修兩短座，再慢慢延長時間，然後你就可以整個白天禪修，晝夜全天候地禪修，到半個月、整個月等等。

總之，不管你每座的定力如何，重點是不要讓自己疲憊不堪。所以，維持等比例的每座，自然地延伸離念的不動明性長度。

這是有關延長本尊觀想的口訣。

改正過失

措嘉佛母問上師：當禪修本尊時，我們應如何改正誤觀的過失？

上師說：為了改正誤觀的過失，有兩部分：確認過失和改正過失。

關於確認過失，有兩種：共與不共。

共的過失，是忘失觀想、怠惰、疑懼、昏沉、掉舉、緊繃和散弛。

一、忘失觀想是禪修的散亂。

二、怠惰是偷懶地想著：「待會兒再做。」

三、疑懼是恐懼會無法成就和走火入魔。

四、昏沉是因為突如其來或自然的情境，覺得昏昏欲睡。

五、掉舉是自然地煩躁，若非是情境引起，即是細微動作所致。

六、緊繃是不滿足，當本尊的觀想清楚時，想要再觀一次。

七、散弛是當觀想本尊不清楚時，也依然冷漠。

本尊的觀想有以下十二種不共的過失：模糊和朦朧、上下顛倒、身體比例改變、衣飾改變、形狀改變、數量改變、姿勢改變、身色改變、只出現顏色、只出現形狀、坐歪和逐漸消失。

現在解說改正過失的方法：對於七種共的過失，你應遵循八種去除的應用法。當忘失觀想時提起正念；運用信心、決心和精進來對治怠惰；昏沉的對治，是培養熱忱、沐浴和散步一下；當掉舉時，培養對輪迴的厭離心，用正念的繩索來繫住心念，以及將心念繫在觀想境上。總之，對昏沉、掉舉，採取警覺的守衛。當你想要更緊繃時，運用平等心；當散弛時，則要精進地觀想。

關於改正本尊的不共過失，則是在模糊、曖昧或朦朧時，仔細端詳圖像，並禪修離念的空性。修離念時，與注視本尊交替，再禪定。

當身體的比例或衣飾、姿勢與形狀改變時，觀想身體是實體且極為巨大、穩固。觀想有鴿子從其鼻孔飛進飛出，群鳥、羊和鹿在本尊的手臂、腳上嬉戲。觀想其如同一尊塑像般堅實。

若是數量改變，將觀想限定在一尊或兩尊本尊上；當只出現顏色時，觀想其形狀；當其顏色變成紅色或黃色，依你體質的冷熱性、氣血等等而異時，休息一下；若本尊逐漸消失時，將心念清楚地專注在臉和手臂上。對於不完整的過失，要清晰地觀修全身，且配戴所有的寶飾和法器。

總之，要繼續修行，不因任何生起的過失而疲憊；接著，禪修離念的空性。再觀修對本尊形貌的端詳和專注。

這是有關禪修本尊時改正過失的口訣。

修習本尊

措嘉佛母問上師：當修習本尊時，我們應如何修學？

上師指點：有關修習本尊的口訣，是透過禪修離念直到免於這一切過失而觀想本尊。禪修本尊和禪修離念交替著。當你能無誤地觀想本尊時，則可不修離念而專修本尊。

現在是有關本尊的修習。當你能無誤地觀想本尊時，觀想其站直、坐著、俯臥或仰臥、在平原上或山頂上、在近處或遠處、在岩石中或水底。在你想修持時，任選其一而觀修本尊。

與本尊融合爲一

措嘉佛母問上師：當與本尊合而為一時，應如何融合？

上師指點：一旦你已修習本尊且熟悉時，將本尊融入自身。觀想單尊或是整個淨土的壇城。之後，為了使本尊和勝義諦連結，依你自己的想法來觀想本尊，再將之穩固。你的心念和八識是本尊顯現的身相與智慧；究竟而言，本尊是菩提覺性、大自顯智、佛果體性，所以本尊並非從外在某處示顯的。不管祂如何示現，都無自性，因此是不二的形相。以本尊相示現而超越執著，係因其無自性之金剛身、語、意的化現。

雖然你的心顯現為本尊，但卻無自性，因無法檢視或展示是此或彼，所以祂是法身。

身為行者的你，在薰習了這個義理之後，應該觀察並持守六種三昧耶的修持：你不應毀壞對傳授你口訣上師的虔誠心；應用任何有助於禪定的事物；避免無益者；臻至圓滿而不捨棄本尊；對修持的不共本尊守口如瓶；且禪修時不應有捨某一尊以就另一尊的心態。你修持任一本尊，都如同禪修一切諸佛。諸佛並無他者可修，除了了悟自心之外。即便觀想本尊，也是一種念頭的化現。除此，別無其他可成就或可禪修的。一切諸佛菩薩都總集在你的本尊上；雖然你可能禪修許多的本尊，但祂們無非都是你自心的化現；若你只禪修一尊，那也是你自心的化現。

這些是如何融入本尊及連結本尊與勝義諦的口訣。

如何成就本尊

措嘉佛母問上師：如何以本尊為道並成就之？

上師答道：為了成就本尊，先觀想對生本尊，再穩定自生本尊的觀想，截至此處，避免持誦。

現在，有關本尊修持，準備好一個為了成就的曼達盤，佈置好供品。在面前設好壇城，提神醒腦之後，坐在舒適的座墊上。

迎請上師和壇城本尊聖眾，大禮拜、獻供、讚頌及七支淨供。之後本尊化光融入自身，由此自觀為本尊。結界並加持供品。

依三種三摩地等，觀想本尊之壇城；行加持與灌頂；迎請智慧尊並融入，禮敬、獻供和讚頌。

再次地，觀想智慧尊於前，和你分開，然後持誦。當完成持誦後，讚頌。

將對生本尊再次融回自身，就寢時保持自身為本尊的佛慢。

翌晨剎那觀起本尊，並依前述的儀軌修持、持誦。

加持飲、食，將之當成薈供來供養。

依此方式，不管你是修整個本尊壇城或單尊本尊，都會成就。

這是有關成就本尊的口訣。

成就的徵兆

措嘉佛母問上師：當成就本尊時，何種成就的徵兆或指示會出現？

上師指點：有四種徵兆：徵相、夢兆、指示和實兆。

有四種徵相是如煙、海市蜃樓、螢火及無雲晴空。這是禪修進步境界的釋例。

五種夢兆如下：見不同於己的諸佛菩薩、見諸佛與己相同、見自己是無前後的本尊相、見一切諸佛菩薩向己頂禮與獻供、夢見一切諸佛傳授並解說甚深法教。

還有，一再夢見自己裸身，是已清淨習氣的徵兆。夢見上階梯登天，是已入修道的徵兆。夢見騎乘獅、象是已登地的徵兆。夢見一位微笑著的幻身等，是已得授記的徵兆。

即便你有這些絕佳的夢境，也不要得意。

有外、內、密的修持指示。

一、禪修時的外在指示是：見到物質性的外相，如細塵、種子字、主要法器、微細色身等；或是見到五色的粗重形式，如水、火等。

二、內在指示是，當禪修本尊時，你並未注意到外界或內在的呼吸，而身體輕盈如棉毛，因此免於老、衰。

三、密的指示是，當你禪修本尊到達如幻之相時，智慧自然顯現。你對所有人的悲心都一視同仁，且禪境顯露為智慧。

實兆有外兆和內兆。外兆是光顯現、本尊的圖像微笑、巨響或香氣撲鼻、油燈自燃、你的顱杯滿溢或沒有任何身體的不適。內兆是悲心較以前更為增長、執著消滅、沒有嫉妒、對上師和法友具清淨的三昧耶與愛、不懼輪迴且不畏群魔。

當出現許多這類的徵兆時，不要得意要精進。

這些是修持本尊時所顯現的指示和徵兆。

修持的果報

措嘉佛母問上師：修持本尊會產生哪些功德？

上師說：修本尊所得的功德，是清淨罪障和累積資糧。

因為藉由禪修本尊，你的概念會終結，於是可清淨業、煩惱和投生之地的染污。

至於累積資糧，有五種果報：是四種持明果位的道果與究竟果。持明果位有兩個面向：功德和體性。功德是六種般若與四種神通；體性是四種持明果位，即成熟持明果位、長壽持明果位、大手印持明果位與任運持明果位。究竟果是當你禪修本尊而變得調柔時，即便功德微少、才智低下，你還是毫無疑問地能證得究竟佛果。

五道

措嘉佛母問上師：在般若經系中，曾說到一個人必須在道上漸進。我們要如何結合五道與本尊壇城的修持而臻至圓滿？

上師答道：本尊壇城的修道有四支：加行道、見道、修道、無修道。漸道與近、成四支相關：近是加行道、全近（full approach）是見道、成是修道、大成是無修道。（見譯註）

譯註：依英譯本的名詞解釋，近、成四支是金剛乘修行的重要一環，尤其是在本尊修法的持咒部分。「近」是觀想本尊及其心間的咒鬘；「全近」是由旋轉中的咒鬘放光至十方向諸佛獻供；「成」是領受諸佛的加持而清淨一切障；「大成」則是將器世間轉成淨土的壇城，將有情轉成男、女本尊，使一切聲音成咒語，一切念頭和煩惱為俱生本覺的清淨示現。

加行道

加行道有四支：修如是（the suchness）與如幻三摩地是**暖**；修細禪定與唯一相是**頂**；修全顯和精細相是**忍**；修無間道海會是**世第一**。

一、由如是三摩地決定萬法唯心，並以無造作之本心修離念。禪修直至證得為止。

如幻三摩地是無生大空的自顯；即修明，但是顯、空不二。猶如虛空中光明遍佈，顯而知、且知而離念。

當你達到調柔後證得如幻三摩地時，就越過了對大乘或小乘的偏好界線，隨後十一種暖相會現起：

- 身上不會有蟲類寄生。
- 內、外的染污已然清淨。
- 你遠離四大的疾病。
- 你獲得身忍。
- 你降伏自身的概念。

・免除物質的食物，你容光煥發、神采奕奕永不消褪。

・你不會生起世俗的欲念。

・你遠離五毒。

・你對小乘見、修的習氣已窮盡。

・遠離世間八法。

・你已獲得甚深法忍。

這是十一種不退轉的徵兆。

二、在頂的次第修持唯一相和細禪定，乃是禪修微細三摩地與唯一相，直至在三境上顯現為止。（見譯註）

頂的禪定徵兆是你的五毒煩惱不會因外物而生起，且不會被外五大所侵擾。這些是你的心已和外相融合為一的徵兆。

三、在忍的次第修持精細相，即是修習三部、五部或特定幾部的靜、忿本尊。

當熟習之後，你可以在剎時三摩地中放光，且你的本覺能觀出千佛的壇城，這時即是圓滿忍的次第。

譯註：三境指的是本尊在外相上顯現的顯境（snang yul）、在內相上顯現的自在境（dbang yul），及可由旁人感知的意生境（yid kyi yul）。

已證得忍的次第並已能調柔外相揭顯的徵兆，是你能轉砂成金、讓水在乾地上湧現、讓木炭冒出新芽、並能隨心所欲控制一切所感知的事物。這是已證得掌控心性的徵兆。

四、在世第一的階段成就無間道海會，是修持法界大樂的真義。當你已極具定力時，便被賦予五資具（five articles，譯註：指與儀軌相關的五物，即子母音咒、衣飾之物、飲食之物、聖舞之物、歌舞之物），能在吉祥時辰撰寫儀軌。

若此時你的禪定力深厚，便能達到長壽持明果位，之後便能在六個月、十二個月或十六個月內，臻至大自在天（the sacred family of mastery）的成就。你的壽命會等同日、月，同時能一口氣延壽一百年。

若你的禪定力薄弱，你會達到成熟持明果位；在捨報之後，你會在中陰獲得本尊的完整身相。這是生起次第穩定所得的果報。

見道

現在我將宣說全近的見道。在你已了悟宿身是意生身後，你會窮盡染污，且獲得超越生死的不變長壽持明果位，甚至不會有肉身留下。在獲得五般若和四神通之後，你會了悟勝義諦的法相。雖然你能在三大阿僧祇劫中化身無數，示現見道的神通並利益眾生，但你對所做卻毫無執著，並能受持化身佛的法教。你在成佛之道上已不會退轉。

修道與無修道

現在宣說的是成的修道。修道是在已證得大手印的虹光身後，以勝義諦的法相來修持。

雖然在座上的心境無異於諸佛，但因你仍保留了座下的意識狀態，故必須稍稍安住在座上。因為此時你安住在不可動搖的禪定中，是大手印持明果位；這是由無上瑜伽所得來的不動搖禪境。在如如不動的定境中，你放出無數幻化身，以成就利他。透過心念或象徵的方式，你可自報身佛領受法教。

至於大成的無修道——任運持明果位，你的功德幾乎已和諸佛的殊勝功德相等，但仍有座上增長與否的分別；任運持明果位具有任運的增上。

攝受法嗣並傳法，你已到達頂峰——金剛三摩地，並透過無作的神通成就了自利、利他，這是智慧的化現。和法身佛面對面，你因加持而得受法教，並清淨了分別智的微細障。

這是如何證得近與成、五道、四種持明之四支的漸道。

頓道

措嘉佛母問上師：當宣說密咒乘的速道時，是否可能在道上躐等？

上師答道：教法上也提及頓道。可能有些人臻至無修道，同時由加行道、見道和修道躍升。毋須逐步地歷經，有些人是在見道證悟，有些是由修道證得佛果，有些人進至最後階段而證得佛果，因人們智慧與禪定能力之故而有別。

這依照四種人的程度所產生的四種修道方式，並不是要在來世投生後再去依循一條修道。密咒乘的果乘，就是要讓你在此生免除輪迴的病症，並證得超越轉生的三摩地果位，能任運地成就三身。

為了要即生臻至無別地（the bhumi of indivisibility）與證得法身，聰慧之人被教導要修習法身之道，熟習之，並以如是為道。

為了要臻至無上智慧之地（the bhumi of Unexcelled Wisdom）與證得大樂身，貪愛之人被教導要修習大樂之道，熟習之，並以大樂為道。

為了要臻至大圓勝會之地（the bhumi of the Great Assembly Circle）與證得色身，嗔心之人被教導要修習解脫道，並熟習之。具相之人被教導要以本尊為道。

以此方式你清淨了三身之界，並熟習了這三地。因為所有的這些果報都俱足於自心，因此要決定佛果並不外存。

這是頓道的殊勝功德。

佛身與智慧

措嘉佛母問上師：我們要如何證得密咒乘之果、五身及五智？

上師指點：如上述與不同根器相關，當你已在四種道上漸進時，會證得究竟的結果——五身與五智的任運果報。

法界體性智是一切諸佛的通相、你不造作的法性（innate nature）、本然無所緣的體性，是無為、無生與超越生滅的本淨。

大圓鏡智是法界雖無實體，但其自性明、且萬法顯現如鏡中的倒影般無自性，可知但無概念思考。

平等性智是無竭法界乃俱生本覺，此俱生本覺離於造作。識是無生、不二且等持。

妙觀察智是不離此不二的平等境，萬法的共相與殊相是不混淆且俱全的，而痴的習氣被滅除，遍知智生起而不具概念思考之苦。

持所作智❶是如前述保任明性而安住，這無別智能任運且持久地成就、圓滿自他之利。

這五智各自示現，是本覺無竭的顯現，但其從未離於法界的本智。這個法界體性智，是萬有的基礎，本俱於你自身；在三時之中，行者從未與其分離過。

接下來是五身如何顯現。

法身是不造作的法性、甚深的本然、超越了生滅、無為。

報身是本覺俱生智的受用，因為佛身和智慧本俱於自心法性的相續之中。

化身是源自智慧的悲心，以一切方式神變與示現。

大樂身是菩提心的無生大樂。

體性身是這四身與佛性的體性無別。

因為這五身與五智是任運的，也被稱為俱足一切諸佛之通相。修行者漸次禪修這

❶Bya ba nan tan gyi ye shes，通常被稱為「成所作智」（bya grub ye she）。

五身的體性，在他已知自性為道時。當行者與圍住的肉身（譯註：指行者在閉鎖的空間內，不接觸任何人而示寂）分離時，他以超越所證的方式證得這五身與五智，以超越所見的方式見這五身與五智。

接下來宣說佛果如何利益眾生。無數日影映現在千水的水面上，不留下任何日光的蛛絲馬跡，同樣地，真正正等正覺者——法身佛，也不會留下法性的平等捨——透過報身及化身神變，以應化廣大如虛空般之被調伏者根器的任何餘痕。

雖然行利生，法身卻無任何的意念。

舉例來說，日光並不覺利生，同樣地，二身沒有抱持利生的任何概念，利生來自於願力的果報。

上師指點：措嘉，當末法時期的五百年到來時，大乘的咒乘追隨者只是空口說白話而不實修真義；他們會讓密咒乘歧入巫術的禳祝，徒然為了空洞的儀式而誤用三昧耶物；他們會在村莊的中心建造關房；宣稱在修持雙修，他們會耽溺在世俗的欲念中；宣稱在修持解脫法，他們會耽溺在世俗的嗔念中；把善、惡混淆在一起，他們會吹噓口訣，甚至上師會把口訣銷售給弟子；他們會把密咒乘變成投機買賣，並以政治動機和自我中心的野心來修行。

在這末法時期，密咒乘會被語詞所蒙蔽，密咒乘的加持力會因缺乏對實義的了悟而削弱。因為只有少數人證得成就，會有一段時期密咒乘近乎絕跡。為了那時具有宿業的有緣者之故，寫下這些口耳傳承並將之封藏為伏藏。

・・・

在耶巴的高吼洞，於猴年秋季末月二十二日，我，措嘉佛母，寫下了這口訣的寶鬘——〈密咒乘的修心法要〉，並將之封藏為伏藏。在得遇具宿業之有緣者後，願這些法語能清淨其所知障，願其能證得持明果位。

伏藏印
封藏印
甚深印
囑咐印

VII

無誤修持之水晶寶鬘

頂禮上師

當偉大的上師蓮花生，具有法教加持傳承的咒持者，仍待在貝瑪宮的珍珠水晶關房時，卡千公主的措嘉佛母，向其請求口訣。當時，蓮師傳下了這個**〈無誤修持之水晶寶鬘〉**以利益後世，未來的人們啊，請留心此法教！

• • •

化身佛的蓮師說：當至心修持佛法時，你需要有一位具德上師，他是真實無偽、可信任的完美精神導師，具清淨傳承的無斷口傳。若你的上師是假冒的，口訣會錯誤，且你的所有修學都會顛倒。因為那會極端危險，所以得遇具德上師是必要的。要牢記於心！

措嘉佛母問：傳承的無斷口傳是什麼意思？

化身佛上師答道：這個傳承必須是從法身佛、報身佛、化身佛傳下的無斷證悟口傳。蓮師的傳承就是如此，法身佛普賢王如來傳給了報身佛阿彌陀佛，阿彌陀佛以方便將本覺傳給了化身佛蓮花生。你，善女子，已得到了化身佛的法語，具有傳承的口傳與加持。

化身佛蓮師說：上師不應該將心法傳給缺乏宿緣的不適合弟子。

措嘉佛母問：那是什麼意思？

上師答道：這種人不會尊敬上師，且會狡詐地想得到法教。一旦得到了，就會另立山頭，任由口訣白費。他們不會遵奉傳承的教誡，因為他們不修行，將甚深法教傳給他們，形同將純金砂丟入水溝中。這種弟子不是口訣的適合法器，因為他們不瞭解也不會信服，因此不能記住法教。將口訣傳給不適合之人，法教會蕩然無存，僅徒留文字與書籍，這會扭曲了佛法。將法教傳給不適當的接受者，法教會被糟蹋了。沒有必要這樣做。能夠維續甚深法教且善巧地檢視弟子的品格是必要的。請牢記於心！

・・・

化身佛上師說：不要將佛法傳給製造錯誤見解之人。

措嘉佛母問：這樣會有何過患？

上師答道：這種不適合之人對口訣的要點毫不瞭解，因為他們缺乏傳承的口傳，他們的心不能與佛法融合在一起，其品格會日趨墮落。傳授佛法給這類專精於智識思考且只會執著詭辯字詞之人，會引來對佛法的非議。由於謗法，非議者會累積惡業，而你自己，因為氣憤，也會招來惡行。因此，上師與弟子都會藉由佛法而積聚惡業，不需要這樣。

不要把甚深口訣當成買賣的商品，而應在僻靜處堅忍地修行，將自心與法融合在一起。

・・・

化身佛上師說：不要留著白費口訣的信眾。

措嘉佛母問：這是什麼意思？

上師答道：喜歡世俗獲利與名聲的商人，被他們的日常需求所佔滿，不會想要把修行當成主要的追求。他們只是滿足於「修了」、「受了」或「瞭解」佛法，只期望獲得瑣屑的利潤或名聲、食物或財富、娛樂或尊敬，即使他們有上師的秘密教誡，也不會記住法教，反而會輕率地混合了謬誤與騙術來闡釋法教。不要將口訣傳給像江湖術士的追隨者或弟子，他們會利用上師和佛法；佛法會被糟蹋。不須要將無死甘露在自己未嚐之前給予他人，而且只授予真心感興趣之人。若使密咒乘的甚深法教腐化，你將得不到任何加持，空行母的主尊與眾姊妹會被激怒而導致障礙。請牢記於心！

化身佛上師說：萃取口訣的甘露，將之傳予具修行宿業的有緣人——那些發自內心深處想追求聖法、會堅忍修行的人。

…

措嘉佛母問：那是什麼意思？

上師答道：這樣的人，會把上師當成是佛，會有大虔誠心。視口訣如甘露，他們會信服。因為他們的心沒有懷疑與猶豫，會把法教當成寶、如意寶。視輪迴諸行的悲苦為毒藥，他們會為了未來而努力修行。了知此生的追求是徒勞的，當想要證得無上正覺時，他們會剛毅而堅忍不拔。這樣的高貴之人，不會被競逐的過失與渴求物質所得、聲望的野心所玷染，他們是諸佛的殊勝子嗣。若你將口訣全權交付予這些人，將會裨益自己和他人。請牢記於心！

不適合的容器是盛不住雪獅的乳汁的。但把它倒入金瓶，卻有如醍醐般！

…

化身佛上師說：若你想即生成佛，但卻沒有進入自律之道，修行便會無法入心。因此投入自律❶是必要的。

措嘉佛母問：要怎樣進入自律之道？

上師答道：當開始修持佛法時，若你不能自律地修持，而懶散、怠惰與自命不凡，你就無法成功。為此，在吉祥月份如夏天或秋天，或吉祥日如初八、初一或十五時，到閉關之處，如墓地、高原地帶、雪山或偏僻的小屋、成就者居住的地方或是森林。

在這類地方你應掃地、鋪設座位、準備曼達盤、設好供品，以及備好有佛之身、語、意表徵的壇城；供食子與飲品予當地神祇、龍族等，號令他們不要製造障礙與成為友伴。

翌晨不要無所事事。投入佛行事業，如向上師與諸佛獻供，祈請並向本尊、空行與護法獻食子。當獻食子時，不要往外拋出，而應面向己方，以做為不讓成就逸失的吉祥緣起。

白天時，要修習一切的概念皆如夢如幻。亦即自然安住並鬆坦，不改正任何所顯。讓你的禪境任運而生、自在開放，廣覺而安住，沒有任何的執取。

❶字面上的意思是「願承受磨折」，在此「自律」並沒有負面的懲罰或自苦的涵義；它意味著在僻靜處保持一種單純的生活方式，承受遠離世俗追求或舒適的「磨折」。

晚上的時間必須以明覺為道，亦即在白日將盡時要強化明覺，並留神、清醒地安住而不落入昏沉與恍惚之中。

在夜半時，將沉睡的狀態與法界相融合，以離念的狀態入睡。下定堅強的決心，我要知夢為夢！藉此你將能在睡夢中憶起法界，而免於得意忘形或夢魘。

早晨時，你應以法界為道。亦即當你從睡眠中醒來時，身體覺得自在，在心中憶起法界，並修持俱生正念而無執取、禪修或陷入昏沉中。不要對懶散或怠惰的放逸讓步，而應保持均衡的自律，以廣覺來修持。

除非你已完成閉關，否則不應穿上別人的衣物，因為可能會沾染或消散你的修行。若吃的食物太豐盛，會落入煩惱的淫威中。若吃得太不好，你的體力會衰弱，讓你無法繼續自律的修行。應該保持適度、均衡的飲食。

不要吃不乾淨、偷來或丟棄的食物。不要吃違犯三昧耶之染污者或被邪魔附身者的食物。若吃了之後，成就會延遲，且無法完成閉關的障礙會產生。

不要移動座位，若是在閉關結束之前或誓言到期之前移動座位或床位，徵兆和指示會消失，你會碰到突如其來的障礙。

不要為了保護他人而修法，或試著袪魔；若此，你的能力會消減。不要清洗身上、衣服、頭、毛髮的髒污，因為會使成就消褪與消失。不要理髮、刮鬍子或剪指甲，因為會削弱咒語的力量。不要在關房內傳法給他人，因為會阻礙成就的徵兆。不要只是一時興起地持守誓戒，而要每天力行，否則你會被魔擾。

持咒的力量並不是來自於和別人的聊天，因此要保持禁語。若你大聲地唱誦密咒乘的金剛誦或忿怒尊咒，其威力會削弱，非人和鬼魔會驚慌與昏厥。所以要以耳語的聲調來正確地唱誦。

若你躺著持咒，在胸前用手計數咒數，只會妨礙自己。不管怎樣，當你坐著挺直時，氣脈也會直，這會讓氣平順地運行。因為氣、心互相關連，當氣自在地運行時，會讓你的心能夠保持專注與專心。所以，基於最深切的理由，你應保持七支座的禪坐姿勢。

不要在白天睡覺，會招致許多過患，無論如何不要這麼做。

不要在人來人往的地方吐痰，因為那會妨礙咒語的力量。

除非你已完成閉關，否則捨棄利他行、一切追求、消遣或干擾你身語意的行為；堅毅地專心在修行上，增長自利的善行。

在閉關中，不管好或壞的修持徵兆或神通出現，不要涉入喜歡、厭惡或判斷該取或捨。行者啊，讓你的心安住在本然的狀態中，繼續修行直到最後。

當閉關結束時，行感謝的供養，鬆開對閉關的限制，但有幾天仍然保持著閉關的情境，不要到城裡或遠處。三天之內，除了自己的床之外，不要睡在別的地方，並待在那些無相同三昧耶之人的視線之外。

不要把你修行的相關物品示人，且不要與人分享成就之物❷，自己享用即可。

從閉關一開始到結束，不管發生任何事，都不要突然離去。要認出那是魔障，不要對橫逆讓步。

不管怎樣，努力修近、成的行者，應該不任意地涉入日常的活動。不要吃任何隨手可得的食物；不要穿骯髒或污損的衣物；不要隨地躺下就睡；不要在別人可見或有人行走之處便溺；不要涉入瑜伽戒儀中任何非時的行為；任何時間內都要非常謹言慎行。

一般而言，若你想快樂，貫徹你的佛法修行，持守自律並接受不悅的情境。將晝夜分成幾部分而固定上座來修持，之後你的快樂就會長長久久。請牢記於心！

．．．

化身佛上師說：當想要證得無上正覺時，若你不能在一定的時間內持守誓戒，將

❷在閉關最後一天早上所修薈供的供品。

會被魔障所影響。

措嘉佛母問：那是什麼意思？

上師答道：當你已立誓修持無染的口訣時，熱切地應用對治法，以去除對他人奉承的執著，並擺脫源自他人敬意、鞠躬、供養及請求修法庇護的飲、食羈絆，這只是中斷了缺乏穩定和信心之人的禪修而已。

基本上，你可以持守誓戒三天、七天或九天，或半個冬月、或一個夏月，然後慢慢地延伸到幾個月或幾年。最好是立誓修行十二年，其次是六年，最少三年或一年。倘若那也無法完成的話，你可以持守誓戒；將身、語、意投注在精神追求上，別無他想，然後儘量修到六個月、整個夏季或冬季，不偷懶或怠惰。那會意義非凡，且你將踏上成佛之道。

一般而言，立下你無法遵守的誓言，是造成犯戒的主因。因此不要發下你做不到的誓言，只立下和你的能力相符的承諾或誓言。用這種方式修行是最甚深的。請牢記於心！

．．．

化身佛上師說：當用修行來吸收你上師的真實口訣時，一直保持禁語——語的閉關，是很重要的。

措嘉佛母問：那是什麼意思？

上師答道：在所有分心之中，最嚴重的是無用的閒聊。必然地，無關的空談是禪修的致命傷。能夠禁語是最佳的閉關；禁語能讓你不被干擾，即便身處在市集中。

不管你要如何修持自律，能禁語被認為是最好的。若你做不到，至少應該禁語到禪修的時間結束時。藉由禁語並且不讓禪修被日常談話打斷，你將得到語的力量並且迅速臻至成就。

一般而言，太多無關佛法修行或佛法的談話，是毫無意義的，實在沒必要這樣。若你不能在閒談之餘，努力朝向無上正覺而以語聲投入持咒或唱誦的話，無異於瘖啞之人。請牢記於心！

・・・

化身佛上師說：當禪修本尊時，了悟身、語、意的定境（composure）是必要的。

措嘉佛母問：那是什麼意思？

上師答道：觀想身是本尊的形象，顯明而無實體，是身的定境。讓語持誦本尊的咒語，清楚、明晰如同空性的迴響，是語的定境。你的意，清淨且遠離妄念，明、空不二，即是意的定境。不離身、語、意的定境即稱做大手印。

當你不斷地持誦諸佛體性的三個種子字：身的**嗡**、語的**啊**、意的**吽**時，便俱足了一切諸佛的身、語、意。

一般而言，當你安住且不離於佛的身、語、意時，你對密咒乘的修行必然是安全、不會誤入歧途的。請牢記於心！

• • •

蓮師說：維持一定的座上時間與持誦數目是必要的。

措嘉佛母問：那是什麼意思？

上師答道：當修持誦時，將白天分成三座或四座，並立誓要晝夜皆持誦，最好一千遍，其次五百遍，最少要一百零八遍。

直到完成這數目之前，保持禁語且不因交談而打斷持誦，這樣一來就不會有障礙產生。

要融合生起次第和圓滿次第，並努力在近、成上，彷佛小河穩定地潺流般，這是口訣實修的特殊功德。

你所祈願的，像是淨除罪障、累積資糧、清除障礙及迅速證得兩種成就（譯註：

勝、共成就），都會經由融合生、圓次第與近、成持誦而輕易達成。

在所有各種持誦中，就誦一切諸佛身、語、意體性之三種子字**嗡啊吽**，極為甚深且總攝一切。因此，保證持誦此三字或在其他所有咒語之前加上這三字，即能帶來莫大的加持。

一般而言，涓滴之聚能成汪洋，不要讓你的嘴巴儘是說些蠢話，而應持續地累積哪怕僅是一個咒字，這是十分重要的，假以時日便會有所成就。請牢記於心！

・・・

蓮師說：若不融合方便與智慧，密咒乘就會誤入歧途。

措嘉佛母問：那是什麼意思？

上師答道：**方便**指的是修行的無誤原則；不管是在生起次第或圓滿次第的階段。**智慧**指的是見，法界空性的真義與俱生明性（self-existing luminosity）。若不了悟自身俱生明空的見，你還未入智慧之道。有智慧而無方便，你不會有任何的禪境；有方便而無智慧，法界無法進入修行中。因此，融合兩者而不使其分離是必要的。

一般而言，將方便與智慧分開，就宛若一隻鳥要用單翅飛翔般，你到不了佛果的階位。請牢記於心！

蓮師說：若不修持座上、坐下的無別，你無法達到空性的安住。

措嘉佛母問：那是什麼意思？

上師答道：在座上時，你安住在法界的無實體性中，明但無念。在座下時，你了悟一切皆是空性，沒有自性，離於對空性禪境的執著或迷戀，自然地，你會進步而超越座上與座下之別，並免於對概念的抱持或屬性的認取，就像雲霧自動地在廣袤的蒼穹中消散一般。

一般而言，在座上或座下的同時，你對法界本性的禪修應該超越明晰與模糊，就像對鏡中影像的觀察般。

⋮

蓮師說：若修行時不能自然地去除昏沉與掉舉，你會掉入其過失的極端中，損害了你的禪修。

措嘉佛母問：那是什麼意思？

上師答道：在禪修時，安住在法界的本然境中，在昏沉、掉舉出現的當刻，注視它，你會了知昏沉自身是法界空性。掉舉時，注視著掉舉自身，你會明白掉舉也是空。

當對排除昏沉與掉舉的執著也清淨後，你不再執取它們是實質的，昏沉與掉舉就會自動消解，而不會落入極端。當你能如是修持本然地清淨昏沉與掉舉時，俱生禪定就會應運而生了。

一般而言，因為所有的禪修都試著矯正昏沉與掉舉，於是變成概念式的禪修。了悟昏沉與掉舉的根本是空性是必要的。請牢記於心！

．．．

蓮師說：若你不能將佛法與日常活動融合在一起，就會被禪座所繫縛。

措嘉佛母問：如何繫縛？

上師答道：法界離於造作，所以你在座上安住的禪境，必須也能置於座下任何情境的修習中，不管行、住、坐、臥。無論你所從事的任何日常行為，都不能須臾稍離佛法的修行，你必須一直保任在法界的狀態中，這樣你的禪修會超越座上的界線。

一般而言，將身、心禁錮而不援用禪修要點的禪修者，就是被鐵鍊所束縛著。請牢記於心！

．．．

蓮師說：將供養與懺悔擺在一旁，你將無法清淨業障。

措嘉佛母問：那是什麼意思？

上師答道：在將口訣付諸實修時，你應該修所謂的「以佛行事業為道」，亦即你應轉化成無所緣之道，修持禪定、獻供、繞塔、製作擦擦和食子、誦唸、唱誦、印經等等的佛行事業；不斷地修持這些。若是攀緣、倦怠，你不可能成就什麼主要目標。

一般而言，若你不以離念來修持的話，不管做任何善行，只是會增長輪迴的福報：那不會是成佛之道，是沒有意義的。

因此，在從事任何身、語、意煞費苦心的善行時，住於離念的境界中是必要的。請牢記於心！

．．．

蓮師說：若你不能藉由修持佛法而圓滿徵兆，那口訣就沒有真正生效。

措嘉佛母問：那是什麼意思？

上師答道：內徵兆是由內心綻放的樂、明、無念。離於對實質的執著與對煩惱的固著，你的念頭會自解脫。

中徵兆是當加持自動在你身與語化現時；當你能斬斷煩惱並克服困逆時；當疾

病、惡靈與邪魔不能欺瞞你時；你能察覺佛法的加持。

外徵兆是當離於世間八法；我執的結使解開與脫落時；你經由佛法的修行而解脫心念。

一般而言，若上師不合格，穩定是不會生起的。因此，有一位殊勝成就之無斷傳承的上師至為緊要。請牢記於心！

・・・

蓮師說：甚深口訣是無書之言。

措嘉佛母問：那是什麼意思？

上師答道：當一位特殊的上師傳授甚深口訣時，哪怕僅是一句話，對付諸實修的具器弟子來說，便能生起穩定心而獲得成就。

措嘉，你無生的自心是空、明、遍滿的，持續地體驗之。

一般而言，若佛法上師是優越的，不管到哪兒，你都會有甚深口訣。請牢記於心！

・・・

蓮師說：不管你修持哪種法教，若不是為了利益眾生，那麼修持會導向聲聞乘的滅境。

措嘉佛母問：如何導向聲聞乘？

上師答道：把口訣付諸實修時，你修持菩提心是為了利益一切眾生而成佛，是為了成就利他。這並非一般乘的目的，為了自己的平安與快樂、救度與解脫，是屬於小乘。

一般而言，僅為了自己的平安是痛苦的肇因，這是毫無意義的。

只是修行自我追尋的人，是很難覓得快樂的。因此，只為了他人的福祉而努力是必要的。當為了他人而修行，你能免於自私自利且自己的利益會自動地達成。請牢記於心！

・・・

蓮師說：若你不能抱持無緣大悲來修持的話，你所從事的一切善根都將白費。

措嘉佛母問：為何會這樣？

上師答道：有所念的善根不能倍增，所以會窮盡。若是蘊含了離念迴向的善行，其善根是無盡的，且是無上正覺的主因。

何謂離念？這意指沒有對「我」的感知，沒有對「他人」的感知，亦無對善根的感知。將你的概念全盤地消融於空性之中。

一般而言，當包含離念時，善根是無誤的。有某種念頭，所以做某件善事！然後迴向善行為了物質利益或好名聲，是顛倒的迴向。

當一件善事是為了獲利與或名聲而做，且結合了同樣目標的迴向時，是無法倍增的。不管怎樣，最重要的關鍵是完全清淨的三輪體空。請牢記於心！

・・・

蓮師說：結合了方便的善根會使他人相形見絀。

措嘉佛母問：那是什麼意思？

上師答道：若你想善巧地運用口訣，就應修習真義並以離念的迴向來加以封緘。藉此你將使為了物質需求的修行相形見絀，因此不管你從事任何修行都會增上。

總之，最重要的關鍵是讓你的善根變得無窮盡，且不斷增長，直到證得無上正覺為止。不管怎樣，完全地放下對迴向、迴向的目的、迴向者的一切聚焦，而不留任何餘跡。請牢記於心！

・・・

化身佛上師蓮花生說；結交三種友伴，會讓你不受魔障的侵擾。

措嘉佛母問：那是什麼意思？

上師答道：生起對和睦、真實上師的虔誠心，一直觀想他在你的頂上以便祈請和獻供。

結交和睦的法友，他們和你有著相同的三昧耶而修法；不汲汲營營於此生的目的或物質所得，而堅決地為了來生而追求善行。

遵守和睦的、不顛倒口訣，並配合成就上師的實際運用，透過生、圓次第的甚深法教將之付諸實修。

若你不離這三者，就不會被魔障所害。

一般而言，若你以自心為證，努力修行，必不會被三寶所輕忽，最後的結果必定是優越的。請牢記於心！

・・・

蓮師說：當修持佛法時，有良好的基礎是必要的。

措嘉佛母問：要怎麼做？

上師答道：首先，若你缺乏福德資糧，就無法得遇具有口訣的上師；若你缺乏宿業修學的業緣，就無法了解法教；若你缺乏不共的信心與虔誠心，就會無法見到上師的善德；若你缺乏誓言、戒律與三昧耶，就會違越佛法修行的根本；若你沒有口訣的指引，就會不知如何禪修；若你缺乏精進和毅力，就不能進入修持之門，且你的善德會歧入怠惰；若你的心不真誠地遠離輪迴的追求，將無法在佛法修行上臻至完滿。

若這些因緣俱足的話，在修行上就會成功。無上正覺的證悟端賴諸多因緣的和合，所以要精進！

總之，為了捨棄應捨者，且成就應成就者，不要讓你的身、語、意處在凡俗中，而應努力不懈，成果必定是優越的。請牢記於心！

・・・

蓮師說：僅是知道佛法並無實益，你必須謹記在心且付諸實修。

措嘉佛母問：在修行時應怎麼做？

上師答道：廣啟對見的瞭解，要不偏私地看待法教；掌握修的寶座，在心中萃取一切法教的真義；敞開行的大門，要讓見、修互不扞格；具備對果的信心，讓輪迴與涅槃相等如法界。了知限制而持守三昧耶，善護三層戒（譯註：指小乘的別解脱戒、大乘的菩薩戒與金剛乘的三昧耶）。以此方式修持，你的佛法修行會免於過患。

一般而言，不須要讓佛法修行變得只是死板乏味，不能融入自心，也無法實際運用。請牢記於心！

• • •

蓮師說：在未來，當末法的黑暗時期來臨時，有些人會自稱是修行者要教導他人，卻沒有得到許可；自己沒有實修卻教導他人禪修；自己沒有解脫卻假裝給他人解脫的口訣；沒有祛除自私自利，卻教導他人要拋卻貪執的枷鎖、要慷慨佈施；對自己行為的善、惡沒有絲毫的瞭解，卻喋喋不休地洞察別人的善、惡之行；自己沒有任何定力，卻宣稱為了利他。我想會有許多人以佛法之名偽裝、虛偽、詐騙與欺瞞。

來世想要修持佛法的人們，要閱讀這個遊方僧蓮花生的手寫遺言，並自省之！觀察輪迴之苦的過患！因為顯然所有此生的一切物質所有都是無常的，把心轉向內在，並想清楚！聆聽過去修持自律的成就上師的生平故事；尋覓具德上師，並以虔誠的身、語、意來服侍他。

一開始不要把上師當成同輩的朋友，而應以聞、思來斬除你的錯誤見解。

接著，保持固定的修行並持之以恆地努力。

最後，透過修行與應用對煩惱的對治，將佛法融入自心。

要一直持守三昧耶和誓戒，不要違越。不要斷斷續續地修行或延緩你的修行，而是要遵守承諾馬上實踐之。

雖然我這個遊方僧已經證得成就，卻從未有時間找消遣。看到所有迷失的眾生，被輪迴的追求與迷妄、煩惱和惡業所折磨，我就想掉淚，失望、傷痛地心痛著。

已獲人身，見到善、惡之行的痛苦、愉悅果報，不想在此生努力成佛的人們，和不願修持哪怕僅是一座皈依的人們，卻汲汲營營於此生的追求、野心、娛樂和享受，無動於衷地累積惡業；這些人的心都腐蝕了，惡魔已經爬進他們的心中了，他們被惡友所欺騙了。

若你至心將自己託付給三寶，並在這一生修行以成佛，你是絕無可能會被三寶所欺騙的。

同樣不可能的，是你會因衣食所需而受苦。那些宣稱因為佛法修行而缺乏衣食，所以沒時間皈依或禪修、說找不到閒暇的人，是無恥地自愚而已。

現下，當你的官能清楚且有閒空時，若你不在證悟成佛的修行上努力，很快就會被業風所襲捲，遭邪惡的死神所緊迫，而有大限將至的危險。那時你會驚慌失措地想著一切可能的辦法，但都來不及了。請牢記於心！

一般而言，在修持佛法時，除非你牢記死亡於心，否則是不會成功的。

來世的能者，遊方僧蓮花生的這席話隻字不假。不管你追求什麼，要戮力免除死時的遺恨！自己多保重，並且要精進地發願能利益他人！

．．．

這個法教稱為〈**無誤修持之水晶寶鬘**〉，心髓顯現為無死甘露，是由我卡千措嘉以禮敬和虔誠的身、語、意，請求化身佛上師蓮花生所傳下的。

為了後代之故，我寫下並將之封藏為伏藏，因尚毋須弘傳。在得遇有緣者時，願能被付諸實修。

．．．

這是〈**無誤修持之水晶寶鬘**〉的法教。

伏藏印

封緘印

囑咐印

VIII

口訣的精鍊心髓

頂禮上師

卡千措嘉佛母從八歲起便服侍化身佛鄔金蓮花生，如影隨身地陪伴著蓮師。

當上師即將離開西藏前往羅剎國時，我，卡千的佛母，獻上一個盛滿金子與松耳石的曼達盤，並轉一個薈供輪❶後，祈求道：喔，偉大的上師！你將前往調伏羅剎，我被留在此地西藏。雖然我已服侍你許久，上師，這位老女人對死時並沒有信心，因此我懇求您仁慈地賜予我濃縮所有法教為一的口訣，扼要且容易修持。

偉大的上師答道：具有信心與善心的虔誠者，聽我說。

雖然有諸多身的甚深要點，但坦然安住、覺得舒適地鬆放著，一切言盡於此。

雖然有諸多語的甚深要點，譬如控制呼吸和持誦咒語，但禁語且如同啞者般安住，一切言盡於此。

雖然有諸多意的甚深要點，譬如專注、放鬆、投射、消融、內聚，但一切言盡於安住在本然境中、自由自在、毫無造作。

心並不會安靜地保持在那種狀態中。若有人猜想，那是空無一物嗎？就像白日下的熱氣蒸騰，它仍然閃爍、發亮著。若有人猜想，那是某種東西嗎？它沒有顏色、形

---

❶薈供（ganachakra），具有一定數量金子的價值。

狀可以指認，是全然空無又全然覺醒的——這就是你心的本性。

一旦如是了悟後，要肯定之，這就是見；能維持在不散亂的定境中，沒有造作或固著，這就是修；在那境界中，遠離攀緣和執著、取或捨、希望或恐懼、對六根的任何體驗，這就是行。

不管出現哪種疑惑或猶豫，請示上師。不要停留在平常人所處之地，僻居獨修。捨棄此生任何你最執著的事物與任何牽絆最強之人，就是修行。如此一來，縱使你仍是凡夫之軀，你的心就等同於諸佛。

在臨死之際，你應如下修行：

當地大融入水大時，身體變得沉重而無法支撐。當水大融入火大時，口乾鼻燥。當火大融入風大時，體溫消失。當風大融入意識時，呼氣價響且吸氣喘短。

那時，有被大山壓住的感覺、被黑暗籠罩的感覺或是出現掉進廣大的虛空中。這些經驗伴隨著如雷巨響，整個天空好似掀開繡帷般洞然徹亮。

還有，你自心的本然形貌：寂靜尊、忿怒尊、半忿怒尊和多頭神祇充滿虛空，在一座彩虹拱頂下，揮動著武器，祂們喊叫著：「打！打！殺！殺！吽！吽！呸！呸！」和其他恐怖的聲響。此外，就有如十萬烈日齊照般的白亮。

這時，你的俱生本尊會提醒你，說道：「不要分心！不要分心！你的俱生邪魔會干擾你的一切經驗，讓一切崩潰，並大吼大叫來迷惑你。」

這時，要明白：「感覺被壓住並非真被一座大山壓住，那是你的五大在消融，別害怕！感覺被困在黑暗中並不是真的黑暗，那是你的五種官能在消融。感覺被丟進廣袤的虛空中，並非被丟入，那是心失去支撐之故，因為身、心已經分離且呼吸已然停止了。」

對虹光的所有體驗是心的自然化現，所有寂靜尊與忿怒尊是你自心的本然形貌，一切聲響是你本然的聲響，一切亮光是你本然之光，不要有所懷疑。若你真的懷疑，就會被拋入輪迴中。確認這些都是自性的顯現，若你安住在明空的廣覺中，就此便能證得三身並證悟；即便被拋入輪迴中，也不會進入輪迴。

俱生本尊是你當下不散亂的正念之心，此時，極為重要的是沒有絲毫的希懼、沒有執著與固著、沒有對六塵與對迷戀、快樂和憂傷的執取。從此刻起，若你已獲得定力，就能認出在中陰時的本然狀態而得到證悟。因此，最重要的是從此刻起便保任你不散亂的修行。

俱生邪魔是你當下的無明習氣、你的懷疑和猶豫。那時，任何現起的恐怖境象譬如聲響、顏色、或亮光，不要被迷惑、不要懷疑，也不要害怕。即便你僅是剎那落入疑惑，也會在輪迴中流轉，因此要獲得全然的穩固。

在此刻，入胎處會現起如天道宮殿般，不要被吸引住，要有決心！遠離希望和恐懼！我發誓，毫無疑問地，你將不必繼續投胎而能成佛。

那時，並非有某位佛來幫你，是你自身的本覺本然就是佛了。也不是有地獄來傷害你，一旦固著之心被自然清淨後，對輪迴的恐懼和對涅槃的期待也就被連根斬除了。

成佛就好比是水濾渣滓、黃金除垢或雲闊天青般。

在為了自利而證得虛空般的法身之後，你將能如虛空般無遠弗屆地利益眾生；在為了利他而證得報身與化身之後，你將能如心攝萬法般無遠弗屆地利益眾生。

若將這口訣傳三次予諸如犯下弒父母之重罪者，其將不再落入輪迴之中，也必將成佛無疑。

即便你有許多其他甚深的法教，若無類似這個的口訣，你還是差之千里。因你不知道將會流轉到哪，要堅毅地修持此口訣。

你應該將此口訣傳給有大信心、極為精進、聰慧、總是憶念上師、對口訣有信心、努力禪修、心性穩定、能夠捨棄俗慮之人。將上師囑咐之印、本尊秘密之印與空行囑咐之印，同時與此法傳授給他們。

雖然我蓮花生，追隨許多上師達三千六百年❷，請求口訣、領受法教、研修與傳法、禪定與修持，並沒有找到比這更為甚深的法教。

我將前往調伏諸羅剎，你應如是修持。佛母啊，你將在天界成佛，此要有恆地修此口訣。

．．．

言畢，蓮師乘著日光前往羅剎國。隨後，措嘉佛母證得解脫，她將此法教寫下並封緘為甚深伏藏。她發下此願：在來世，願此交付予上師多傑‧林巴；願其能利益諸多眾生。

．．．

在此圓滿了〈口訣的精鍊心髓〉——臨終與中陰自解脫之問答錄。

三昧耶、封印、封印、封印。

❷此年份是依古代算法，將夏、冬各算為一年。

蓮師文集 JA0001

空行法教：蓮師親授空行母伊喜・措嘉之教言合集

伊喜・措嘉佛母輯錄付藏
娘・讓・尼瑪・沃瑟、桑傑・林巴取藏
祖古・烏金仁波切口授
譯者：劉婉俐
封面設計：黃健民

總編輯	張嘉芳
業務	顏宏紋
出版	橡樹林文化 城邦文化事業股份有限公司 台北市民生東路二段141號5樓 電話：(02)25007696傳真：(02)25001951
發行	英屬蓋曼群島商家庭傳媒股份有限公司城邦分公司 台北市民生東路二段141號5樓 客服服務專線：(02)25007718；(02)25001991 24小時傳真專線：(02)25001990；25001991 服務時間：週一至週五上午09:30-12:00；下午13:30-17:00 劃撥帳號：19863813；戶名：書虫股份有限公司 讀者服務信箱：service@readingclub.com.tw 城邦讀書花園網址：www.cite.com.tw
香港發行所	城邦（香港）出版集團有限公司 香港九龍九龍城土瓜灣道86號順聯工業大廈6樓A室 電話：(852)25086231 傳真：(852)25789337 E-mail: hkcite@biznetvigator.com
馬新發行所	城邦（馬新）出版集團【Cite (M) Sdn.Bhd. (458372 U)】 41, Jalan Radin Anum, Bandar Baru Sri Petaling, 57000 Kuala Lumpur, Malaysia 電話：(603)90563833 傳真：(603)90576622 E-mail: services@cite.my
印刷	中原造像股份有限公司 初版一刷 2007年12月 初版21刷 2024年 1 月 ISBN：978-986-7884-76-3

定價：260 元

城邦讀書花園
www.cite.com.tw

國家圖書館出版品預行編目資料

空行法教：蓮師親授空行母伊喜・措嘉之教言合集 / 伊
喜・措嘉佛母輯錄付藏；娘・讓・尼瑪・沃瑟、桑
傑・林巴取藏；祖古・烏金仁波切口授；
劉婉俐譯. -- 初版. -- 臺北市：橡樹林文化,
城邦文化出版 ：家庭傳媒城邦分公司發行,
2007. 12
面 ； 公分. --（蓮師文集系列；JA0001）
譯自：Dakini Teachings: Padmasambhava's
Oral Instructions to Lady Tsogyal

ISBN 978-986-7884-76-3（平裝）

1. 藏傳佛教　2. 佛教修持

226.9669　　96021556